Dailton Felipini

Compra Coletiva

Um guia para o comprador, o
comerciante e o empreendedor

CB013759

BRASPORT

Editor: Sergio Martins de Oliveira
Diretora: Rosa Maria Oliveira de Queiroz
Gerente de Produção Editorial: Marina dos Anjos Martins de Oliveira
Revisão de Texto: Maria Inês Galvão
Editoração Eletrônica: Abreu's System Ltda.
Capa: Paulo Vermelho

Técnica e muita atenção foram empregadas na produção deste livro. Porém, erros de digitação e/ou impressão podem ocorrer. Qualquer dúvida, inclusive de conceito, solicitamos enviar mensagem para **editorial@brasport.com.br**, para que nossa equipe, juntamente com o autor, possa esclarecer. A Brasport e o(s) autor(es) não assumem qualquer responsabilidade por eventuais danos ou perdas a pessoas ou bens, originados do uso deste livro.

Google, Adsense e Adwords são marcas registradas de propriedade de empresa Google Inc. Todas as marcas citadas neste livro são registradas e têm seus direitos reservados pelos seus respectivos proprietários.

Dados Internacionais de Catalogação na Publicação (CIP)
(Câmara Brasileira do Livro, SP, Brasil)

Felipini, Dailton
    Compra coletiva : um guia para o comprador, o comerciante e o empreendedor / Dailton Felipini. -- Rio de Janeiro : Brasport, 2011.

    ISBN 978-85-7452-479-5

    1. Comércio eletrônico 2. Compra coletiva 3. Compras 4. Empreendedorismo na Internet 5. Internet 6. Internet (Rede de computadores) 7. Marketing na Internet 8. Negociação 9. Produtos com desconto 10. Sucesso em negócios I. Título.

11-06509   CDD-658.4012

Índices para catálogo sistemático:
1. Compra coletiva : Estratégia de negócios na
   Internet : Administração de empresas
   658.4012

BRASPORT Livros e Multimídia Ltda.
Rua Pardal Mallet, 23 – Tijuca
20270-280 Rio de Janeiro-RJ
Tels. Fax: (21) 2568.1415/2568.1507
e-mails: marketing@brasport.com.br
           vendas@brasport.com.br
           editorial@brasport.com.br

site: **www.brasport.com.br**

Filial
Av. Paulista, 807 – conj. 915
01311-100 – São Paulo-SP
Tel. Fax (11): 3287.1752
e-mail: filialsp@brasport.com.br

À Sandra,
amiga, companheira e paixão.

Apresentação

A partir do ano de 2010, o assunto compra coletiva passou a ser presença constante na Internet e na mídia em geral. Ocorre que embora essas notícias sejam úteis no sentido de nos alertar para uma excelente novidade surgida no comércio eletrônico, não são suficientes para fornecer informações consistentes sobre o funcionamento do sistema e, principalmente, como ele pode nos ajudar enquanto compradores, comerciantes e empreendedores. É justamente esse o propósito deste livro. Servir como um guia introdutório e prático para quem deseja explorar e utilizar de forma eficaz o fascinante mundo da compra coletiva.

No momento em que concluo a escrita deste livro, não existe qualquer literatura impressa sobre o assunto compra coletiva no Brasil e, surpreendentemente, tampouco nos Estados Unidos. Um fato inédito para mim, que nunca deixei de encontrar em alguma parte do planeta algum livro sobre o assunto de meu interesse. É provável que este seja o primeiro livro sobre compra coletiva a chegar ao mercado, o que, apesar de meritório, não facilitou em nada o meu trabalho. Para fazê-lo, tive que contar com informações coletadas na própria Internet, entrevistas com pessoas e organizações envolvidas no setor, pesquisas junto às empresas, análise de pelo menos duzentas ofertas coletadas no mercado e, principalmente, com meus 10 anos de experiência no efervescente mundo do e-commerce. Foi desafiador, mas o resultado de todo esse trabalho valeu a pena, como você irá constatar.

Seguindo a linha da coleção **E-Commerce Melhores Práticas**, procurei neste livro apresentar o assunto compra coletiva de forma prática e objetiva, mostrando não somente de que se trata, mas como efetivamente esse novo segmento de espetacular crescimento pode ser útil aos compradores, aos comerciantes e aos empreendedores que desejam investir no setor. Naturalmente, em razão do pouco tempo de existência, cerca de um ano no Brasil, muitas novidades ainda irão surgir e você deve acompanhá-las. O importante é que, após a leitura deste livro, você já terá uma visão panorâmica do que é a compra coletiva, conhecerá o funcionamento de um sistema de compras que possibilita que todos ganhem e, principalmente, saberá o que ele pode trazer de bom para você e seu empreendimento.

Boa leitura e sucesso!

Dailton Felipini

Sumário

Introdução 1

  Os pioneiros...2

  GroupOn (EUA)...3

  Peixe Urbano (Brasil)..5

  Razões para o sucesso da compra coletiva................6

  O que você encontrará neste livro.........................8

  Termos relacionados ao assunto compra coletiva.......8

1. Funcionamento do Sistema 11

  O ciclo da compra coletiva.................................11

    I – Comerciante contrata site de compra coletiva........12

    II – Site de compra coletiva divulga a oferta.............13

    III – Comprador adquire a oferta..........................14

    IV – Site gerencia pagamentos e entrega de cupons.....15

    V – Comprador recebe o produto adquirido............16

2. O Comprador 19

  Perfil do usuário de sites de compra coletiva..........19

  No Brasil...19

Nos Estados Unidos..............................20
O que leva o usuário a adquirir uma oferta..............20
Como é feito o cadastramento no site..............21
Como gerenciar a conta de usuário..............21
Onde encontrar as melhores ofertas..............23
Como fazer bons negócios – dicas úteis..............24
A primeira compra..............24
Uma visita ao site do comerciante..............25
O tamanho do desconto não é tudo..............26
Verifique todos os detalhes da oferta..............27
Prazo de encerramento da oferta..............27
Prazo de validade do cupom..............28
Valor percentual do desconto e valor normal do
    produto..............29
Custo do cupom e desembolso total..............29
Especificações do produto adquirido..............30
Unidades do comércio onde a oferta é válida..............31
Compra de mais de um cupom ou uso como presente 32
Transferência do cupom para terceiros..............32
Necessidade de reserva para recebimento do produto .33
Outras questões relevantes para o comprador..............33
Questões legais..............33
Como pôr a boca no trombone..............35
A possibilidade de receber créditos por indicação..............36

3. O Comerciante.............................. 39
Áreas de atuação mais favoráveis à compra coletiva..............39
Vantagens da compra coletiva para o comerciante..............42
Consumo de produtos complementares..............42
Cupons não utilizados..............44
Aquisição de novos clientes..............45

A divulgação da marca 47

Fluxo de caixa favorável 48

Riscos enfrentados pelos comerciantes 49

A importante questão do custo 49

O risco de diluição da marca 50

O risco de atrair o comprador errado 51

O risco de não atender a expectativa dos visitantes 53

O risco de fraudes 54

Como avaliar o retorno financeiro das campanhas 55

Análise financeira de uma campanha e a sua viabilidade . 56

Comparação de custos: compra coletiva x links
patrocinados 62

Vale a pena fazer sua própria campanha? 63

Efeito do valor do produto no custo de divulgação 65

Como escolher um site de compra coletiva 66

O que perguntar ao site de compra coletiva 68

Que produtos ofertar 69

Que retorno esperar de uma campanha 69

4. O Empreendedor **71**

Fatores críticos de sucesso para o empreendedor 72

Estrutura necessária para o empreendimento 74

Estrutura de pessoal 74

Estrutura tecnológica 75

Características de um site eficaz 79

Como expandir o cadastro de usuários 82

Principais estratégias de divulgação 84

E-mail marketing 84

Mídias sociais 88

Programa de afiliados 89

Presença nos sites de busca – SEO 90

Anúncios na Internet..92
Estratégias offline 93
Fatores determinantes na venda de cupons 94
Fatores limitadores nas ofertas 96
Efeito das variáveis quantitativas no resultado da
    campanha 97
Dimensão do desconto 98
Valor do produto ofertado e preço do cupom.......... 100
Análise de 200 ofertas de compra coletiva.............. 101
Distribuição das categorias de produtos.................. 102
Dados médios das ofertas.. 103
Valores máximos e mínimos.................................... 104

5. O Mercado 105

Variantes do modelo de negócio.............................. 107
    Clubes de compras – uma variante dos sites de
        compra coletiva 107
    Agregadores de ofertas – os facilitadores de
        transações.. 108
    Fornecedores de solução de compra coletiva
    compartilhada 110
    Modelo de negócio sem fins lucrativos 110
    Os mercadores de cupons 111
    A compra coletiva no mercado B2B.................. 112
Estratégias de posicionamento de mercado............ 114
    O crescimento sustentado pela regionalização.......... 114
    A estratégia da diferenciação.......................... 116
    A busca por um bom nicho de mercado.................. 119
    Peixes grandes à espreita................................ 122
    Twitter... 123
    Google 124

Facebook 126
A importância da ética comercial para a credibilidade
do setor 128
A certificação dos sites de compra coletiva 130
Conclusão 131

**Anexo I – Entrevista com Dirigentes dos Dois
Maiores Sites de Compra Coletiva do Brasil** 133

Anexo II – Modelos de Documentos Utilizados .. 141

Anexo III – Ficha de Cadastro do Comerciante .. 145

**Anexo IV – Relação de Cidades com Presença
de Pelo Menos um Grande Site de Compra
Coletiva** 157

Introdução

Naquela manhã de dezembro de 2010, o mundo dos negócios recebeu uma dose maciça de adrenalina. E não era para menos. A empresa GroupOn, primeiro site de compra coletiva do planeta, recusou uma oferta de compra do poderoso Google no valor de US$ 6.000.000.000,00. É isso mesmo: seis bilhões de dólares por um site que oferece compras com descontos para grupos de compradores. Caso aceita, a oferta de aquisição seria a maior transação já realizada na história para uma empresa com pouco mais de dois anos de vida. Se alguém no mundo dos negócios ainda não havia dedicado sua atenção ao fenômeno comercial chamado compra coletiva, a partir daquele dia não foi mais possível ignorar a novidade, afinal a oferta estratosférica, mesmo para o ambiente da Internet, e a não aceitação por parte da empresa retrataram claramente a realidade do mercado: o segmento de compra coletiva veio para ficar, para lucrar e para se tornar estratégico no mundo do varejo.

No Brasil a história não foi escrita de forma diferente. O primeiro site brasileiro a utilizar o modelo começou a operar em março de 2010, e apenas nove meses depois na virada do ano mais de 200 sites já operavam no sistema de compra coletiva, ou seja, um crescimento fabuloso no mesmo período de tempo que um bebê leva para ser formado no útero materno. O segmento cresceu tanto no Brasil que o mercado brasileiro já representa o quinto maior faturamento da empresa GroupOn em todo o mundo, com um grande potencial de crescimento. Segundo dados do Instituto Ibope-Nielsen, em setembro de 2010 o número de pessoas que acessa os sites de compra coletiva atingiu 5,6 milhões, um crescimento de 230% em relação a junho daquele ano, quando esse dado começou a ser coletado pela primeira vez.[1]

O fenômeno da compra coletiva poderia ser resumido em uma só frase: uma ferramenta de promoção de vendas extremamente simples com um sucesso espetacular, em um curtíssimo espaço de tempo. E realmente a lógica do sistema é extremamente simples: produtos adquiridos com expressivo desconto em decorrência de um grande número de compradores.

Os pioneiros

Diferentemente do que se propaga na mídia, as raízes da compra coletiva estão bem mais longe do que o território norte-americano e são encontradas na China, local onde as pessoas há longa data têm por hábito a associação com outros compradores para conseguir melhores negociações. A utilização da Internet para contatar e juntar as pessoas para aquisição mais vantajosa de produtos foi o componente catalisador do sistema de compra coletiva. Uma das primeiras empresas a fazer isso foi o site chinês TeamBuy.com.cn[2] que iniciou as atividades em 2006, portanto, dois anos antes do que a empresa GroupOn,

---

1 Pesquisa Ibope http://blogs.estadao.com.br/link/56-milhoes-acessam-sites-de-compra-coletiva/
2 Primeiro site de compra coletiva http://www.teambuy.com.cn/cindex.php

nos Estados Unidos. Evidentemente, o modelo era mais simples e ainda envolvia parcialmente a presença física dos compradores na negociação, porém já usava a Internet como canal de aglutinação de compradores, sendo que o conceito de compra em grupo para melhor negociação, que é o que move os sites de compra coletiva, já estava totalmente presente no modelo chinês. Atualmente, o site tem mais de três milhões de membros e atua em 150 localidades[3]. Foi nos Estados Unidos que o modelo atual dos sites de compra coletiva se desenvolveu e passou a ser exportado para todo o mundo. No entanto, por uma questão de justiça com os chineses e com a história, temos que afirmar que o negócio da compra coletiva, com e sem a presença da Internet, começou na China e teve o seu modelo aprimorado e desenvolvido nos Estados Unidos, que é o berço da Internet e do e-commerce. Desde então, o sistema de compra coletiva tornou-se um fenômeno de crescimento rápido e valorização exponencial, mesmo para o mundo da Internet, onde a velocidade é uma norma. Vamos conhecer algumas das empresas pioneiras nos Estados Unidos e também no Brasil.

GroupOn (EUA)

Segundo seu fundador, Andrew Mason, a ideia da criação da empresa surgiu em meados de 2006, quando encontrou dificuldades na negociação de um serviço de telefonia celular. Na ocasião, ele considerou que a possibilidade de um grupo de pessoas se unir para comprar o mesmo produto traria um maior poder de barganha a esses compradores. A partir dessa ideia, ele passou a considerar uma plataforma na Internet que pudesse colocar

---

3 GroupOn na China http://www.pcworld.com/businesscenter/article/211787/ online_group_buying_taking_off_in_china.html

em contato os compradores potenciais de um determinado produto e o comerciante e, em 2007, criou a plataforma chamada "The point", que serviu de base para o lançamento da empresa GroupOn no ano seguinte. O nome GroupOn é, supostamente, uma abreviatura de Group+Coupon, referência ao cupom de desconto recebido pelo comprador. A partir do lançamento da empresa, em novembro de 2008, o crescimento foi meteórico.

➲ 16 meses depois de sua fundação, a empresa já havia alcançado um valor de mercado estimado em cerca de um bilhão de dólares.

➲ Em dezembro de 2010, com 25 meses de idade, a empresa rejeita uma oferta de 6 bilhões de dólares realizada pela empresa Google.

➲ No final de dezembro de 2010 a empresa entra com pedido para aumento de capital de US$ 950 milhões, através da venda de ações preferenciais.

Dados globais da empresa	
Sede	Chicago USA
Atuação	Maiores cidades dos Estados Unidos e 29 países
Fundação	Novembro 2008
Fundador	Andrew Mason
Valor estimado 2011*	US$ 5 a 7 bilhões
Capital fechado	Fundos privados
Faturamento estimado 2010	US$ 2 bilhões
Lucro estimado	US$ 500 milhões
Clientes cadastrados	70 milhões de cadastrados no mundo
Transações realizadas	Mais de 50 milhões de cupons vendidos em todo o mundo
Valor médio dos descontos	57%

Fonte: GroupOn; *Valor estimado por analistas de mercado.

A empresa no Brasil	
Entrada no Brasil	Junho de 2010
Sede	São Paulo
Principal executivo	Florian Otto – CEO
Cidades ativas	41
Quantidade de clientes cadastrados	Quase 10 milhões

Fonte: GroupOn.

O GroupOn entrou no Brasil em junho de 2010 utilizando inicialmente a marca Clube Urbano, em razão de questões relacionadas ao domínio .br, já adquirido. Atualmente, utiliza a marca mundial GroupOn juntamente com o domínio GroupOn.com.br. No site oficial[4] podem ser obtidas mais informações comerciais sobre a empresa e seus dirigentes.

Peixe Urbano (Brasil)

O Peixe Urbano foi o primeiro site brasileiro a utilizar o sistema de compra coletiva conforme modelo praticado nos Estados Unidos. O site foi criado pelo jornalista e consultor Júlio Vasconcelos e pelo especialista em desenvolvimento de software Alex Tabor, ambos com bagagem em Internet e tecnologia da informação. Embora já existam no Brasil mais de mil sites operando sistemas de compra coletiva, o Peixe Urbano ainda é reconhecido como líder do setor. Segundo dados de pesquisa realizada pelo Instituto Qualibest e publicados pela revista Exame[5], o Peixe Urbano é o site de compra coletiva mais lembrado pelos internautas paulistanos, sendo citado por 37% dos compradores. Utilizando-se o ranking da empresa

---

4 Empresa GroupOn Internacional: http://www.GroupOn.com/about
5 http://exame.abril.com.br/marketing/noticias/peixe-urbano-e-site-de-compras-coletivas-mais-lembrado

Alexa, que considera a visitação do site, o portal aparece como o mais bem posicionado, seguido de perto pelo seu principal competidor, o GroupOn.

Sede	Rio de Janeiro
Fundação	Março 2010
Fundadores	Julio Vasconcelos, Alex Tabor
Cidades ativas	56 cidades
Quantidade de clientes cadastrados	Cerca de 8 milhões

No endereço oficial da empresa na Internet[6] é possível obter informações mais detalhadas.

Razões para o sucesso da compra coletiva

Oferecer produtos com desconto buscando uma quantidade maior de compradores é uma prática tão antiga quanto o próprio comércio, e a sua lógica é cristalina: o comerciante tem uma menor margem de lucro em cada unidade de produto, porém ganha mais no total em razão da maior quantidade de unidades vendidas. Mas por que somente agora essa prática tornou-se um novo segmento de negócios e passou a apresentar um crescimento tão explosivo?

O que diferencia os tempos atuais é a existência de um novo canal de comercialização e de comunicação chamado Internet. A Internet é a ferramenta que possibilita o acesso a milhões de clientes potenciais de forma ágil e econômica. Vamos voltar vinte anos no tempo e imaginar o negócio de compra coletiva operando. A empresa prestadora desse serviço teria que divulgar as ofertas utilizando os canais tradicionais de comunicação,

---

6 Empresa Peixe Urbano http://www.peixeurbano.com.br/imprensa/index

como a mídia impressa, rádio e TV, assim como a mala direta e, eventualmente, o telefone. Ocorre que o custo de uma campanha desse tipo é altíssimo e provavelmente cobriria parte expressiva, senão toda a receita obtida pela empresa. Sem contar a lentidão dos métodos tradicionais de comunicação, que exigiriam a confecção de material gráfico, envio pelo correio, mão de obra intensiva e assim por diante. Naquele tempo, a chance de sucesso seria mínima, mas hoje a realidade é diferente. Com a disponibilidade da Internet, essa mesma empresa pode colocar uma campanha no ar em questão de horas, acessando até milhões de clientes cadastrados a um custo unitário insignificante, o que não somente viabiliza como torna o modelo extremamente lucrativo.

Além da Internet, existe outra forte razão para o sucesso do sistema de compra coletiva: como toda boa ideia, ele é simples e benéfico para todos que fazem parte do sistema: o comprador, o comerciante e o site de compra coletiva. Vejamos quais são os principais benefícios de cada um deles.

➲ **Comprador.** A possibilidade de adquirir os produtos que deseja com descontos que podem chegar a 80% do valor do bem adquirido.

➲ **Comerciante.** Alcançar rapidamente um grande volume de clientes, muitos dos quais poderão retornar.

➲ **Site de compra coletiva.** Ter um bom lucro, ficando com até 50% da receita obtida na venda do produto.

É claro que existem outros aspectos relacionados ao negócio e que podem alterar o quadro citado, e todos eles serão analisados em profundidade no decorrer deste livro, mas o fato é que o sistema de compra coletiva é, de maneira geral, benéfico para os participantes, para o comércio eletrônico e físico e para a sociedade com um todo, na medida em que faz a roda da economia girar de forma mais acelerada e lucrativa.

O que você encontrará neste livro

Este livro tem por objetivo abordar de forma sistemática o assunto Compra Coletiva, apresentando a sua lógica de funcionamento e os fatores críticos de sucesso para cada participante envolvido na transação. Inicialmente, você verá em detalhes o funcionamento do sistema nos moldes em que está se consolidando no Brasil e no mundo. A partir daí, analisaremos o assunto segundo o ponto de vista de cada participante: o comprador, o comerciante e o empreendedor, cada um deles em um capítulo distinto. Finalmente, faremos uma análise desse novo mercado e as perspectivas para o setor. Nos últimos capítulos você encontrará conteúdo adicional e exemplos obtidos do mercado que poderão ilustrar e enriquecer o aprendizado. O objetivo é que você tenha um bom patamar de conhecimento para utilizar com sucesso a compra coletiva, quaisquer que sejam os seus objetivos.

Termos relacionados ao assunto compra coletiva

Para que você comece a se familiarizar com o jargão da compra coletiva, vamos ver rapidamente o significado dos termos utilizados com maior frequência neste livro. Os termos em inglês são utilizados pela mídia e pela indústria nos Estados Unidos. Em português, buscamos os termos mais utilizados no mercado brasileiro e que não necessariamente representam a tradução direta da palavra na língua original.

● **Sistema de compra coletiva (group buying model)** – Sistema de compra no qual um grupo de pessoas adquire um produto com desconto em razão da maior quantidade de compradores. A divulgação e a comercialização da oferta são realizadas pela Internet.

● **Segmento de compra coletiva (group buying business)** – Novo segmento de negócios, no qual o empreendedor cria um site de divulgação e venda de produtos em oferta e atua como intermediador entre os compradores e comerciantes. O modelo de negócio utilizado é o de corretagem.

● **Site de compra coletiva (group buying website)** – É a empresa que divulga e comercializa as ofertas dos anunciantes por meio da Internet, entrega os cupons com desconto, recebe o pagamento e fica com um percentual do valor pago pelo comprador.

● **Comprador (consumer)** – Internauta que adquire o produto ofertado pelo comerciante no site de compra coletiva.

● **Comerciante (merchant)** – Fornecedor de determinado produto ou serviço que é disponibilizado ao mercado com um expressivo desconto por meio de um site de compra coletiva.

● **Cupom (cupom, voucher)** – Documento numerado recebido pelo comprador contendo a descrição do produto, o desconto, o valor a ser pago e as condições de entrega ou de uso. Fica à disposição do comprador no site de compra coletiva para ser impresso e utilizado no consumo do produto.

● **Ofertas (deals)** – Denominação de um produto que está sendo oferecido com desconto ao mercado. Normalmente as ofertas são diárias (daily deals).

● **Descrição da oferta** – Descrição do produto ofertado e todas as condições para adquiri-lo.

⊃ **Produto (product)** – Qualquer coisa que possa ser oferecida ao mercado em troca de pagamento. Pode ser um produto físico como um jeans, ou intangível como um software ou um serviço de massagem. No livro, utilizamos a expressão produto em seu sentido amplo, que engloba qualquer tipo de bem ou serviço.

⊃ **Prazo para encerramento da oferta (time left to buy)** – Prazo que o comprador tem para adquirir a oferta. Normalmente a oferta se encerra num período de 12 a 24 hs, mas pode se estender por um período bem maior.

⊃ **Prazo de validade do cupom (voucher expiration date)** – É o período que o comprador tem para retirar ou usufruir o produto, após o qual o comprador perde o direito. Muitas pessoas perdem o prazo ou simplesmente se esquecem de ter adquirido o produto.

⊃ **Contrato de compra (terms of service, terms of use)** – Também chamado de "Termos e Condições de Uso". Documento que regula a compra do produto contendo informações legais e procedimentos. O contrato está disponível no site e o comprador deve declarar que aceita as regras estipuladas antes de concretizar a transação. Nos anexos deste livro encontra-se um modelo de contrato.

⊃ **Contrato de prestação de serviço (agreement)** – Realizado entre o site de compra coletiva e o comerciante. Documento que regula as normas e condições do serviço prestado pela empresa.

⊃ **Revendedores de cupons (cupon reseller sites)** – São sites onde é possível comprar e vender cupons, mesmo depois de esgotado o prazo da oferta. Representam um mercado paralelo de cupons.

1. Funcionamento do Sistema

A definição do que seja compra coletiva pode adquirir diferentes nuances a partir do ângulo que desejarmos visualizar. Para o usuário da Internet, o sistema de compra coletiva é uma forma de adquirir produtos ou serviços com grandes descontos. Já para o comerciante, trata-se de uma ferramenta de marketing, uma forma eficaz de trazer rapidamente um grande número de compradores para o seu estabelecimento. Finalmente, para os empreendedores, a compra coletiva representa um novo segmento de negócio a ser explorado. Você pode escolher a visão que mais lhe convier, mas o importante é saber que o sistema de compra coletiva, desde que bem aplicado, representa uma excelente oportunidade de negócio para todos os envolvidos. Neste capítulo, vamos entender o funcionamento do sistema analisando cada uma das etapas ocorridas nas transações, bem como as variáveis do processo às quais deveremos ficar particularmente atentos.

O ciclo da compra coletiva

Para que o sistema funcione, são necessários um comerciante, compradores interessados no produto e um site de compra coletiva que vai fazer a intermediação entre ambos. As funções de cada um e as etapas percorridas na negociação são as seguintes:

Etapas do ciclo de compra coletiva

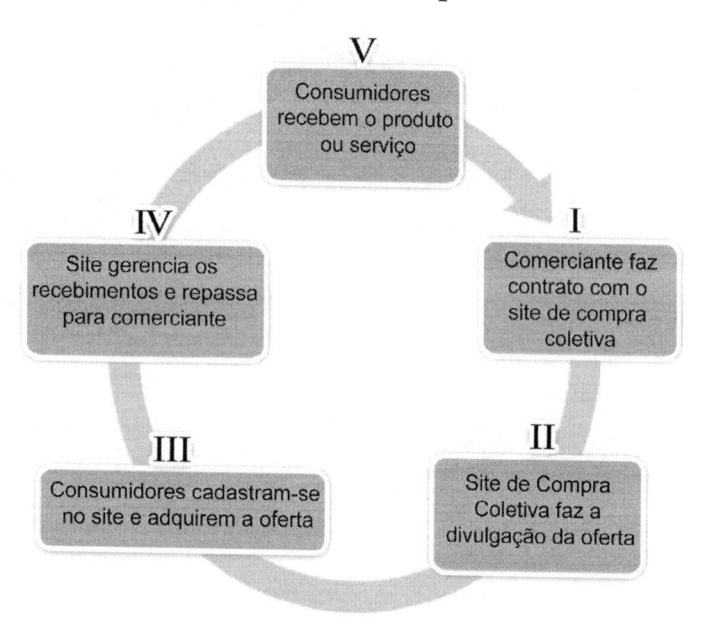

Vamos ver o que ocorre em cada uma dessas etapas:

I – Comerciante contrata site de compra coletiva

O processo normalmente começa com a decisão do comerciante de realizar uma promoção. Atualmente, a decisão de utilizar ou não o sistema de compra coletiva como forma de divulgação ainda depende mais dos sites de compra coletiva do que do interesse do comerciante, principalmente se a parceria for realizada com um dos grandes sites. Isso ocorre porque existe uma forte demanda de comerciantes interessados em anunciar, então os sites de compra coletiva ainda podem escolher o perfil de comerciante e de produto que mais lhes convém. É claro que é possível procurar sites menores mas, caso estes não tenham poder de divulgação, o resultado não será satisfatório.

Para o fechamento do acordo entre o comerciante e o site de busca, algumas variáveis importantes devem ser discutidas, tais como: o produto ofertado, o desconto oferecido, o prazo de encerramento da oferta, a duração da oferta, o percentual da venda repassado ao site de compra coletiva. Naturalmente, como o retorno do site de compra coletiva também depende do volume de vendas dos cupons, ele é parte totalmente interessada no sucesso dessas vendas e deverá utilizar sua experiência na montagem de uma campanha bem-sucedida. Atualmente alguns setores de negócios, como o de restaurantes e prestadores de serviços de beleza e estética, concentram a maior parte das ofertas, como você verá mais adiante, mas a tendência é o sistema ampliar cada vez mais o seu alcance incluindo novos produtos.

II – Site de compra coletiva divulga a oferta

O site de compra coletiva é um prestador de serviços que faz a intermediação entre o comerciante e os clientes. Ele é uma espécie de corretor que recebe uma comissão de até 50% do valor das vendas, portanto seu interesse é que as vendas ocorram e que o comprador fique satisfeito com o produto adquirido. Para isso ele irá montar páginas de divulgação no site, além de peças publicitárias que chamarão a atenção dos potenciais compradores, principalmente na Internet. A principal estratégia de divulgação utilizada é o e-mail marketing. Os sites de compra coletiva possuem um imenso cadastro de clientes interessados e diariamente é enviado pelo menos um e-mail com novas ofertas. O número de usuários cadastrados por alguns dos maiores sites do Brasil já atingiu um volume impressionante. Exemplos: Groupon: 10 milhões; Peixe Urbano: 8 milhões; ClickOn 6 milhões; Oferta Única: 2 milhões[7]. Naturalmente, a quantidade exata de usuários cadastrados em sites de compra coletiva é desconhecida, até porque boa parte das pessoas se cadastra em mais de um, mas podemos afirmar com segurança que os grandes sites já possuem cadastros com bem mais do que um milhão de usuários.

Além do e-mail marketing, são realizadas campanhas na Internet em inúmeros sites e portais de forma a atrair novos clientes. Os sites de compra coletiva também têm programas de afiliados nos quais os sites parceiros são remunerados sempre que direcionam visitantes. Além disso, oferecem prêmios aos seus clientes para divulgarem a oferta aos amigos. Embora essa estratégia de divulgação feita pelos próprios usuários não seja tão eficiente no Brasil como nos Estados Unidos, também ajuda na divulgação da oferta e na captação de novos clientes.

III – Comprador adquire a oferta

É nesse momento que o comprador entra em cena. Ele pode ter recebido o e-mail do site de compra coletiva, uma vez que já se cadastrou no site ou pode ter se interessado por algum anúncio de oferta. De qualquer forma, ele terá que estar cadastrado no site para realizar a compra. E isso é bastante simples. Após o cadastramento e a confirmação do cadastro através da resposta a um e-mail, o usuário passa a receber diariamente ofertas em sua caixa postal eletrônica. O processo de compra

---

7 Dados estimados pelo mercado.

também é simples. Após ler as condições da oferta, basta clicar no item comprar e pagar o cupom por meio de cartão de crédito ou transferência eletrônica. Essa operação é realizada em ambiente seguro das operadoras de cartão ou bancos. Para que a oferta seja validada, é necessário o alcance de um número mínimo de compradores, que é atingido rapidamente.

IV – Site gerencia pagamentos e entrega de cupons

O pagamento é feito no próprio site, assim como a liberação do cupom, que fica disponível para o usuário em sua página de gerenciamento. Após o período de oferta, o site de compra coletiva repassa as receitas ao comerciante, já descontado o valor da comissão. Na fase inicial da compra coletiva, com poucos concorrentes, a comissão padrão para os grandes sites era de 50% da receita, tanto nos Estados Unidos quanto no Brasil, mas esse percentual tem diminuído. Um dos players importantes do Brasil, o ClickOn, cobra 30% e a maioria dos sites pequenos trabalha com uma taxa de comissão menor por uma questão estratégica. Em algum momento, o mercado encontrará o ponto de equilíbrio para as comissões pagas e com certeza esse ponto estará bem abaixo do praticado hoje.

Quem fica com o ônus tributário?

Uma questão que gera algumas dúvidas é a responsabilidade tributária sobre as transações ocorridas. Existem duas transações no sistema de compra coletiva. A primeira é uma prestação de serviço do site de compra coletiva para o comerciante. Neste caso, deve ser emitida uma nota fiscal de serviço pelo site de compra coletiva no valor acordado. A segunda transação ocorre entre o comprador e o comerciante no momento de adquirir o produto ou utilizar o serviço. Neste caso, o comerciante deve emitir a nota fiscal constando o valor do produto e o valor final depois do desconto. A nota fiscal pode ser de venda ao comprador, no caso de um restaurante, por exemplo, ou de serviços, no caso da prestação de serviços. Naturalmente, o comerciante é o emissor da nota fiscal e o responsável pelo pagamento dos tributos devidos. Pode surgir alguma dúvida com relação à responsabilidade fiscal pelo fato do comprador pagar o cupom para o site de compra coletiva, mas ele é apenas um intermediário, pois quem está vendendo um produto é o comerciante. Uma situação semelhante ocorre com os integradores de meios de pagamento, como é caso do PagSeguro. Eles também prestam um serviço para o comerciante que inclui o recebimento da transação e o repasse do pagamento, mas, assim como os sites de compra coletiva, não são responsáveis pelo tributo, por serem apenas intermediários prestadores de serviços.

V – Comprador recebe o produto adquirido

De posse de seu cupom, o comprador já pode se dirigir ao local de entrega do produto e receber ou utilizar o serviço. O prazo de validade varia conforme a promoção e o produto, mas em geral gira em torno de cinco meses após a aquisição. Após o recebimento do cupom, o comprador já pode retirar o produto dentro do prazo de validade. A oferta indicará a data inicial e final para utilização do cupom de acordo com a conveniência do comerciante e também do site de compra coletiva. Os comerciantes evitam encaixar as promoções em períodos ou dias de maior movimento para não criar problemas no atendimento ao cliente.

Funcionamento do sistema com lojas virtuais

A maioria das ofertas é de restaurantes ou de serviços e o cupom é utilizado presencialmente por ocasião do consumo da mercadoria, porém já existem ofertas nas quais o cupom é utilizado em uma loja virtual que vai liberar a mercadoria para entrega ou download imediato, no caso de produtos digitais. No caso de uma compra em loja virtual, existem duas alternativas: na primeira o sistema do site de compra deve ter uma interface com o sistema da loja de forma que ela possa registrar aqueles pedidos e liberar a mercadoria; outra alternativa é o comprador realizar duas compras: uma do cupom no site de compra coletiva e a outra na loja virtual do produto. Na segunda alternativa, o carrinho de compras da loja deve ter a funcionalidade de identificar o cupom de desconto adquirido. Ao digitar o código no campo específico, o usuário faz o sistema recalcular o preço com o desconto. Em qualquer circunstância, o pagamento do cupom sempre será realizado no site de compra coletiva por uma questão estratégica.

2. O Comprador

Conforme vimos no início deste livro, vamos apresentar o sistema de compra coletiva sob o prisma de cada um dos personagens envolvidos e vamos começar pelo mais importante deles, o comprador, afinal sem ele não haveria a transação e não existiria o negócio de compra coletiva.

Caso você seja um usuário de sites de compra coletiva, você verá neste capítulo os cuidados que deve tomar para realizar uma boa transação. Caso você seja um comerciante ou empreendedor, este capítulo será igualmente útil, uma vez que o atendimento às necessidades do cliente é a base sob a qual se assentam os negócios bem-sucedidos, particularmente na Internet, que abriga um comprador de melhor formação, crítico e exigente.

Perfil do usuário de sites de compra coletiva

No Brasil

Dados do Instituto Ibope-Nielsen de maio/2011 indicavam que no mês de março mais de 17 milhões de internautas visitaram pelo menos um site de compra coletiva. Isso significa mais de 40% dos usuários ativos da Internet, percentual expressivo para um segmento tão novo. Naturalmente, o fato do internauta ter visitado o site não significa que ele já seja um comprador desse serviço, mas indica algum grau de interesse e, se ele já sabe o caminho, pode ser apenas uma questão de tempo até que encontre uma oferta que desperte o seu apetite para a compra.

Segundo a pesquisa, o público desses sites é predominantemente masculino (53,8%) e a faixa etária de maior concentração é entre 25 e 34 anos (38,3%). Esses dados divergem dos dados de clientes de sites de compra coletiva apresentados nos Estados Unidos, onde a maioria absoluta é mulher e a faixa etária predominante é de jovens de 18 a 34 anos. Por outro lado, é compatível com o perfil do comprador online brasileiro que até pouco tempo atrás era majoritariamente masculino. Essa compatibilidade também ocorre no quesito faixa etária.

Nos Estados Unidos

Pesquisa realizada com clientes do GroupOn[8] indica o seguinte perfil:

Característica	%
Mulheres	77% da clientela é mulher
Jovens	68% entre 18 e 34 anos
Solteiros	49% são solteiros
Bom nível de renda	50% com renda anual acima de US$ 50 mil
Boa formação	50% com curso superior, 30% com curso secundário

O que leva o usuário a adquirir uma oferta

A compra coletiva é uma típica compra por impulso. Comprar por impulso refere-se à aquisição de algo cuja ausência

---

8 http://GroupOnworks.com

não faria falta ao comprador e geralmente está associada a produtos de menor valor ou de oportunidade. O modelo de compra coletiva associa um produto atrativo a um desconto expressivo e a uma oportunidade com prazo certo para se extinguir. Tem-se assim uma ótima receita para uma venda bem-sucedida. Esse fato não deve nos levar à conclusão de que o comprador de ofertas seria um comprador ingênuo ou descuidado, muito pelo contrário. Em geral, além de possuir uma boa formação, trata-se de um comprador crítico que saberá avaliar as boas ofertas e saberá questionar e procurar alternativas quando não estiver satisfeito. Comerciantes e sites de compra coletiva que desejam ser bem-sucedidos devem, antes de qualquer coisa, se preocupar com o atendimento das necessidades de seus clientes.

Como é feito o cadastramento no site

O comprador interessado em conseguir boas ofertas deve ter acesso à Internet, pois o cadastramento, a divulgação, a compra e o pagamento são totalmente realizados online. O primeiro passo é se cadastrar em um dos inúmeros sites que oferecem o serviço e passar a receber ofertas diárias de produtos e serviços através do e-mail. O cadastro é bem simples e contém as informações pessoais, além da definição da cidade de interesse do usuário, dentre aquelas que o site de compra coletiva opera. O cadastro poderá ser acessado e modificado posteriormente.

Como gerenciar a conta de usuário

Os sites de compra coletiva disponibilizam ao usuário uma seção para gerenciamento de compras e ações no site. Esta seção é muito útil para o cliente, particularmente para aqueles que usam o serviço com frequência. A figura a seguir mostra como exemplo a seção de gerenciamento no site Peixe Urbano.

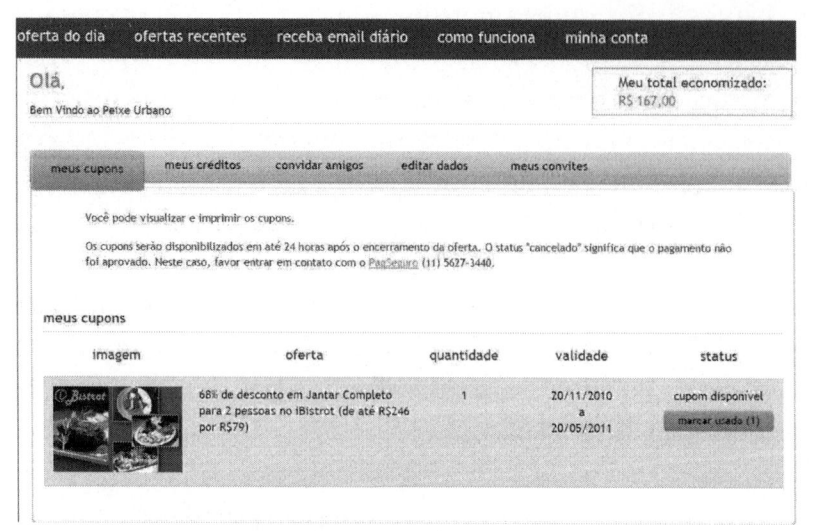

Fonte. www.peixeurbano.com.br.

Após o login, o usuário pode acessar os seguintes dados:

➲ **Meus cupons** – Relação dos cupons adquiridos, conforme exemplo da figura.

➲ **Meus créditos** – Créditos recebidos de promoções ou parcerias.

➲ **Convidar amigos** – Nesta guia é possível copiar um link de divulgação de ofertas que poderá ser colado em qualquer página da Internet. Além disso, pode-se acessar mídias sociais como Facebook, Twitter, Orkut e enviar convites para amigos através de e-mail. O sistema irá identificar quais dessas ações resultaram em cadastramento e venda no site. Os créditos obtidos aqui aparecerão na guia Meus Créditos e poderão ser utilizados na aquisição de ofertas.

◯ **Editar dados** – Aqui é possível editar dados pessoais, determinar setores de interesse, bem como cidades cujas promoções são de interesse do usuário.

◯ **Meus convites** – Para facilitar o gerenciamento, aqui tem-se uma relação dos convites enviados por meio da guia "Convidar Amigos", bem como dos vale presentes enviados. O vale presente é um crédito de 1 A 100 reais que pode ser enviado por e-mail a qualquer pessoa. O destinatário do crédito poderá utilizá-lo na aquisição da oferta que desejar.

Além de ser muito útil para o usuário, a existência de sistemas interativos e amigáveis facilitam o relacionamento entre o comprador e o site de compra coletiva, o que gera fidelização. As pessoas criam laços com ambientes virtuais que lhes tragam benefícios, e a mudança de ambiente, por mais fácil que seja no caso dos sites de compra coletiva, representa um custo para o usuário em termos de adaptação ao novo ambiente. Esta é uma das razões pelas quais os sites que chegaram primeiro levam grande vantagem sobre aqueles que iniciaram suas atividades posteriormente.

Onde encontrar as melhores ofertas

Conforme visto no capítulo anterior, os setores que mais têm se utilizado da compra coletiva como ferramenta de divulgação são aqueles relacionados ao comércio de alimentos e prestação de serviços, tais como: restaurantes, lanchonetes, bares, academias, salões de beleza, cursos, entre outros. Com a maturação do segmento, é provável que muitos outros produtos passem a ser ofertados e essas tendências serão abordadas no capítulo sobre o mercado. Para aumentar as chances de encontrar algo interessante, basta se cadastrar em mais de um site de compra coletiva e ter a paciência de ler todos os e-mails recebidos diariamente. Uma forma interessante é se cadastrar em um agregador de sites de compra coletiva que vai trazer as melhores ofertas. Esses sites facilitam o acesso a uma boa compra ao trazer ofertas de fontes diferentes, sendo que as ofertas podem ser localizadas utilizando-se filtros como cidade, preço e valor de desconto. No capítulo sobre o mercado você verá alguns exemplos desses sites.

Como fazer bons negócios – dicas úteis

Depois de se cadastrar em um ou mais sites, as ofertas serão diárias e rotineiras. Justamente por esse motivo a primeira dica é não se precipitar e sair comprando tudo o que aparece na caixa postal eletrônica. Conforme visto, as ofertas têm um forte apelo de urgência, pois são criadas com o objetivo de estimular a compra imediata, mas existem excelentes ofertas, boas ofertas e simplesmente... ofertas. A chave é não se impressionar somente com o valor do desconto ou outro aspecto isolado, mas se perguntar se aquele produto interessa de fato e, caso a resposta seja positiva, seguir as dicas apresentadas a seguir.

A primeira compra

Ao adquirir um produto pela primeira vez, verifique o grau de confiabilidade do site, considerando fatores como a existência de várias opções de pagamento; a existência de certificação digital das páginas de entrada de dados, bem como o próprio visual do site. A montagem de um site de compra coletiva não é difícil, portanto, é preciso estar atento. Infelizmente, a Internet não é diferente do mundo real e em meio aos sites honestos sempre pode surgir algum aproveitador. Verifique a existência de um e-mail ou telefone para contato com o suporte do site e, se tiver dúvidas, utilize-os. Antes da primeira compra, leia com atenção as cláusulas de funcionamento do site de compra coletiva expressas em um contrato comumente chamado de "Termos e Condições de Uso do Serviço". Trata-se de um documento com valor legal e que poderá vir a ser utilizado para solucionar eventual impasse, juntamente com a descrição da oferta. No anexo deste livro você encontrará um modelo de contrato para ser utilizado nos sites de compras coletivas.

Uma visita ao site do comerciante

Uma grande vantagem propiciada pela Internet é a facilidade de obter mais informações e visualizar pela Internet fotos das instalações onde o produto será consumido; portanto, utilize essa vantagem. Veja um exemplo real desse tipo de situação nas palavras de um comprador.

"A oferta de um jantar para dois com 70% de desconto, saboreando uma deliciosa carne acompanhada de vinho, me pareceu uma ótima ideia para agradar a minha namorada, que andava bronqueada. Como faltavam poucas horas para o encerramento, comprei de imediato para utilizar já no sábado seguinte. Infelizmente, o resultado não foi o esperado. A carne e o vinho não estavam ruins, mas o problema é que as mesas eram muito próximas umas das outras e a picanha era grelhada na própria mesa, de forma que o ar ficava carregado de fumaça e gordura e, pra piorar, a minha namorada tem cabelos longos e cacheados e costuma gastar horas cuidando deles! Mas como já tinha pago... fazer o quê? Quando saímos do restaurante o cheiro de gordura nas roupas e cabelos só não era pior que o mau humor de minha namorada! Depois, revendo a oferta, vi que o link para o site do restaurante estava disponível e nas várias fotos do local já dava pra ver a fumaça indicando o possível problema, mas no entusiasmo da compra eu não havia notado isso." Glauco.

Em todas as compras visite o site do comerciante, veja se lhe agrada e, caso tenha dúvidas sobre a oferta, informe-se por telefone ou e-mail, que devem estar disponibilizados no site. Esse pequeno cuidado pode ser muito útil. A alternativa para obter a informação seria conhecer pessoalmente o local antes da compra, mas isso nem sempre é viável, principalmente nas grandes cidades.

O tamanho do desconto não é tudo

Mais importante que o desconto nominal é o preço final do produto e o seu valor real. Além de verificar com precisão o que vai comprar, verifique se o preço de oferta realmente representa um desconto real em relação ao preço que o mercado cobra pelo produto. A primeira pesquisa deve ser realizada no próprio comerciante que faz a oferta. Basta ligar como um cliente normal e perguntar pelo preço do produto. Veja a descrição de outra situação real vivida por uma compradora novata.

"Logo que me cadastrei no site de compra coletiva fiquei ansiosa para encontrar uma oferta realmente fantástica e a oportunidade apareceu rapidinho. Um jantar saudável e depois ingresso para uma balada no salão anexo ao restaurante de R$ 125 por R$ 18,75, 85% de desconto! Essa eu não poderia deixar passar. Liguei imediatamente para minha melhor amiga tentando convencê-la a irmos juntos. A minha sorte era que ela é mais prevenida do que eu. Ao contatar o local como uma cliente normal, descobriu que a entrada para a balada normalmente é gratuita para mulheres e que o jantar era pouco mais do que um peito de frango grelhado com algumas folhas de verduras. Outros pratos ou acompanhamentos eram opcionais e pagos à parte. Ou seja, na prática o desconto era de praticamente zero e a balada era algo que eu teria de graça de qualquer forma. Levei a maior gozação de minha amiga, mas pelo menos não paguei o mico de me sentir lesada. Depois disso, passei a ser mais cuidadosa e avalio muito bem o preço final do que está sendo vendido e quanto vale sem pensar tanto no desconto. Assim, já fiz excelentes compras de coisas que normalmente não teria condições de comprar." Natália.

Verifique todos os detalhes da oferta

Leia com atenção as condições da oferta. Às vezes, um pequeno detalhe pode transformar uma oferta atrativa em algo não interessante. Os sites de compra coletiva divulgam as condições nas duas páginas normalmente dedicadas à oferta. Vamos fazer um rápido checklist de pontos relevantes que você não deve deixar de considerar.

Prazo de encerramento da oferta

O prazo de encerramento da oferta geralmente é curto, em torno de 14 horas. O objetivo é criar no comprador a sensação de urgência e estimular a compra por impulso. As páginas dos sites de compra coletiva apresentam uma espécie de placar com o tempo restante de oferta. Durante o período de oferta, os sites de compra coletiva procuram atrair o maior número possível de compradores. Existem registros de vendas acima de 30 mil cupons em curtos períodos de divulgação. Embora o prazo seja apertado, ele é suficiente para uma avaliação racional da oferta, considerando as dicas que você receberá neste livro. E se o prazo estiver se esgotando e você estiver em dúvida, não compre, pois certamente outras ofertas semelhantes surgirão. Lembre-se que milhares de ofertas são publicadas diariamente e as que são realmente vantajosas têm sucesso e retornam.

Prazo de validade do cupom

Este é um dado importante da oferta. O cupom pode ser utilizado a partir do encerramento da oferta até a data limite estabelecida pelo comerciante. Esse prazo gira em torno de cinco meses, que é um prazo bem razoável para o comprador consumir ou retirar seu produto. Para o comerciante também é um prazo suficiente para que o grande volume de novos clientes seja diluído. Incrivelmente, uma quantidade muito grande de usuários não utiliza a oferta. Segundo pesquisas realizadas no mercado americano, cerca de um terço dos compradores não resgata os seus cupons pelos mais diversos motivos – esquecimento, falta de interesse, falta de tempo, entre outros. A dica é, ao comprar, já definir uma data de utilização que esteja dentro do prazo de validade e não muito distante. Se porventura o e-mail com o cupom recebido for perdido, basta se lembrar do site de compra coletiva e acessar a seção administrativa do usuário para imprimir novamente o cupom.

Valor percentual do desconto e valor normal do produto

Como vimos, o percentual de desconto é o grande chamariz para atrair o cliente. Tudo bem considerá-lo um fator de atração, porém procure fazer uma análise racional, focando no preço final do produto e o que ele representa em relação aos preços praticados no mercado.

Custo do cupom e desembolso total

Em boa parte das ofertas o desembolso ficará maior do que o custo do cupom em razão de gastos complementares. Alguns desses gastos serão inevitáveis, como neste exemplo real.

Oferta: Jantar para duas pessoas no ... De R$ 176,00 por R$ 59,00. 66% de desconto

...

• Estacionamento, bebidas, serviço, entrada, couvert, sobremesa e acompanhamento não estão inclusos.

Partindo da premissa de que você não irá de ônibus, não levará as bebidas na bolsa da namorada, não será sovina e dará pelo menos uma gorjetinha e não deixará sua acompanhante triste por não provar aquela fantástica sobremesa, muito provavelmente gastará duas, três, ou mais vezes que o preço do cupom. Sem contar com outras eventuais despesas que deveriam estar explicitadas nas ofertas, mas nem sempre estão. Em princípio, não há problema em gastar mais do que o valor do cupom desde que: a) a descrição da oferta esteja clara e correta; b) o gasto não seja desnecessário e obrigatório; c) o gasto adicional não transforme o que seria uma vantajosa oferta em um preço normal de mercado, pois, sempre que isso ocorrer, todo o modelo de compra coletiva perderá credibilidade.

Especificações do produto adquirido

Este é um aspecto importante: ter clareza sobre o que se está efetivamente adquirindo. Para isso, é imprescindível a leitura completa da descrição da oferta. Por exemplo, compare duas variantes de uma das ofertas mais comuns oferecidas: um jantar japonês.

JANTAR JAPONÊS – I	JANTAR JAPONÊS – II
• 80% de desconto, por... • prato com 2 temakis • 10 lâminas de sashimi	• 60% de desconto em Combinado com 36 peças + 8 Hot Sushi por ... • 10 lâminas de sashimi de atum, peixe branco e salmão • Deliciosos nigiris, uramakis e hossomakis, totalizando 26 peças • 8 peças de Hot Sushi, os famosos enroladinhos de salmão • 1 refrigerante ou água mineral por pessoa • 2 tipos de sobremesa inclusos

Embora tenham o mesmo objeto, comida japonesa, trata-se de ofertas de valor diferente. A primeira diferença é o desconto maior da opção I, mas essa vantagem é ilusória, pois a opção II tem uma maior quantidade de itens inclusos. A opção II detalha cada um dos itens – por exemplo, o sashimi é composto por três espécies de peixe: atum, peixe branco e salmão. Caso não estivesse especificado, a oferta poderia incluir apenas o peixe que estivesse mais barato ou mais disponível na ocasião do consumo.

Dica: não espere que o comerciante vá lhe oferecer algo além do que está anunciado, por isso leia com muita atenção o que exatamente compõe a oferta.

Unidades do comércio onde a oferta é válida

Veja a seguinte oferta:

> 4 chopps Brahma de 300 ml + Porção de linguiça de frango ...
>
> • Regras
> • ...
> • Oferta válida por 3 meses nas seguintes unidades: Taguatinga Shopping, Alameda Shopping, Riacho Mall.
> • Para a unidade Taguatinga Shopping e Alameda Shopping: de segunda a sábado, das 10h às 22h, e domingo, das 14h às 22h.
> • Para a unidade Riacho Mall: de segunda a domingo, das 16h às 0h.
> • Conforme disponibilidade no local.

Note que a oferta define claramente o local onde o produto poderá ser consumido, os dias da semana para cada unidade e inclusive os horários. Um comprador desatento poderia se decepcionar ao se dirigir à unidade errada, no dia e horários errados. Mas não poderia reclamar, pois isso está explícito nas regras da oferta. No entanto, o último item chama a atenção: qual o significado de "conforme disponibilidade no local"? Será que significa que o comerciante poderá alterar as datas e horários, conforme sua conveniência? Se for assim, a oferta perderá credibilidade, pois o comprador corre o risco de perder um deslocamento até o local. Neste caso, a melhor coisa a fazer é ligar para o estabelecimento e esclarecer esse aspecto duvidoso.

Dica: leia com atenção todos os detalhes da oferta e esclareça eventuais dúvidas diretamente com o comerciante.

Compra de mais de um cupom ou uso como presente

> **Oferta:** Até 70% de desconto em 2 Sessões de Depilação a Laser na...(de até R$300 por R$89).
> **Regulamento**
> ...
> Limite de uso de 2 cupons por pessoa.
> Pode ser comprado como presente.
> ...

Nesta oferta é possível a aquisição de 2 cupons, mas normalmente a oferta é limitada a apenas um cupom por uma razão simples: o maior benefício do comerciante é trazer novos clientes para o estabelecimento e isso normalmente pode ser alcançado com apenas uma visita do comprador, portanto, um cupom é suficiente. Note que em alguns casos pode ser um cupom que dá direito a duas pessoas, mas nesse caso trata-se de produtos que normalmente são consumidos a dois, como um jantar ou um passeio. No exemplo, existe também a possibilidade da compra para presente, o que é relativamente comum e bem interessante, tanto para o comprador, que pode oferecer um presente simpático para um conhecido, quanto para o comerciante e o site de compra coletiva, por ampliar a quantidade de compradores.

Transferência do cupom para terceiros

Os cupons são nominais, ou seja, o nome do comprador ou da pessoa que recebeu como presente é impresso no cupom, juntamente com um código identificador. Nos contratos dos maiores sites de compra coletiva não foram encontradas cláusulas que proíbam a transferência do cupom e é possível a mudança do nome do portador do cupom diretamente pelo comprador na seção de gerenciamento. A possibilidade de transferência é interessante para o comprador que possui mais liberdade de doar ou vender o cupom, caso não deseje usufruir da oferta. Nos Estados Unidos já existe um mercado paralelo de venda de cupons. Vamos tratar dessa questão no capítulo sobre o mercado.

Necessidade de reserva para recebimento do produto

Oferta: Jantar romântico à luz de velas

...

Imprescindível reserva. Informar o código do cupom no momento do agendamento, que deverá ser feito diretamente no telefone... mediante disponibilidade.

O agendamento para o recebimento do produto, como no exemplo acima, é um requisito comum em restaurantes e principalmente em serviços e é importante que seja respeitado. O objetivo é permitir que o comerciante possa atendê-lo adequadamente, sem atropelos decorrentes de excesso de público.

Outras questões relevantes para o comprador

Questões legais

Apesar do valor legal do contrato, questões previstas na Lei se sobrepõem a qualquer cláusula contratual que a contrarie. Veja dois exemplos importantes:

➲   Durante um período de sete dias, a legislação permite ao cliente o arrependimento da compra realizada na Internet e a solicitação de devolução do dinheiro antes de consumir o produto. Portanto, mesmo que o contrato estabeleça o contrário, você pode, dentro desse prazo, solicitar o cancelamento da compra. Alguns sites, como é o caso da ClickOn, deixam em aberto a possibilidade de devolução, mas com o pagamento de uma compensatória pelos prejuízos decorrentes da desistência, o que parece razoável, embora do ponto de vista legal com certeza existam controvérsias. Veja a regra estabelecida nos parágrafos 4.2 e 4.3 dos termos de uso da ClickOn:

"4.2. Uma vez adquirido o Cupom por meio do Site, o Usuário somente poderá devolvê-lo, em até 7 (sete) dias, contados da aquisição do Cupom, não podendo, todavia, requerer sua troca por qualquer outro.

4.3. O Usuário reconhece que a devolução de um Cupom adquirido ocasionará sérios prejuízos à ClickOn e, especialmente, ao anunciante da respectiva promoção, uma vez que, ao manifestar seu interesse na aquisição do Cupom, o Usuário contribuiu diretamente para o adimplemento da condição necessária para realização da Promoção. Desta forma, caso haja a devolução do Cupom adquirido e não utilizado pelo Usuário, o Usuário ficará sujeito ao pagamento de uma multa compensatória correspondente a 40% (quarenta por cento) do valor do Cupom."

É claro que o site de compra coletiva não vai gostar nada de cancelar cupons e ter que devolver o dinheiro e provavelmente não irá facilitar esse processo. Assim, para evitar o arrependimento e todo o trabalho que um ressarcimento pode demandar, é bom avaliar com calma e criteriosamente a oferta antes de bater o martelo.

➲ Um outro aspecto importante é que, em caso de problemas com o recebimento do produto, o site de compra coletiva deve participar diretamente na busca da solução. Embora os termos e condições utilizados pelos sites de compra coletiva expressem o contrário, essas empresas também são responsáveis pelo correto cumprimento das condições expressas na venda, afinal elas foram responsáveis por colocar o comerciante em contato com os compradores e divulgar as condições da oferta no site.

Se o comprador analisar criteriosamente as ofertas e seguir as dicas apresentadas, muito provavelmente ficará satisfeito com a compra realizada e terá oportunidade de adquirir excelentes ofertas. No entanto, caso ocorra algum problema mais grave decorrente da transação realizada, já temos no Brasil uma excelente legislação de defesa do consumidor, que pode procurar seus direitos em órgãos como o Procon[9] e o Instituto de defesa do Consumidor – IDEC[10].

Como pôr a boca no trombone

Uma das características positivas da Internet é o fato de que ela dá poder ao usuário consumidor. Em todos os setores existem bons e maus comerciantes, e na compra coletiva

9 Direitos – Procon – Fundação PROCON. http://www.procon.sp.gov.br
10 Direitos – IDEC – Instituto de Defesa do Consumidor. http://www.idec.org.br/

não seria diferente. O papel do consumidor é ajudar a filtrar o mercado separando os anunciantes que cumprem o que prometem daqueles que deixam a desejar – para isso existem canais onde o consumidor pode manifestar a sua opinião sobre o serviço prestado, seja ela positiva ou negativa. O site OuvidoriaUrbana[11] é um desses locais que possibilitam ao usuário, além de manifestar a sua opinião, fazer uma pesquisa prévia do estabelecimento onde pretende adquirir o produto. Outra página onde o consumidor pode manifestar sua insatisfação é o ReclameAqui[12]. A reclamação fica exposta e uma comunicação é enviada pela empresa ao site, iniciando um processo de resposta/solução. O site elabora um ranking de avaliação das empresas citadas baseado em critérios como número de reclamações, tempo de resposta, ausência de resposta, índice de solução, número de avaliações, nota do reclamante e índice de voltar a fazer negócio com a empresa. Além de ser um direito do consumidor, a reclamação responsável estimula a busca pela eficiência por parte das empresas e aumenta e credibilidade do setor.

A possibilidade de receber créditos por indicação

Como uma das estratégias de marketing, os sites de compra coletiva remuneram os seus usuários pelas indicações recebidas. Os valores variam, mas giram em torno de 10 reais por indicação e são creditados na conta do usuário para utilização na compra de ofertas. Para o comprador é uma forma interessante de conseguir diminuir o custo de suas compras e para o

---

11   Direitos – Ouvidoria Urbana http://www.ouvidoriaurbana.com.br/
12   Direitos – Reclame Aqui – http://www.reclameaqui.com.br/como_funciona/ajuda/?id=1

site de compra coletiva também é uma forma de ampliar a base de clientes. Veja o que estabelece o Termo de Uso do site Peixe Urbano com relação aos créditos.

...

"1.5 O Usuário terá a opção de indicar um terceiro para que se cadastre como um novo Usuário no website do Peixe Urbano.

1.5.1 A indicação de cada novo Usuário, o qual necessariamente deverá se cadastrar através do link único, encaminhado no momento de cada indicação, dará direito ao crédito de R$ 10,00 (dez reais) ao Usuário que fez dita indicação, conforme condição do item 1.5.2.

1.5.2 O crédito de R$ 10,00 (dez reais) somente será transferido ao Usuário que fez a indicação mencionada no item 1.5.1, caso o novo Usuário indicado faça a sua primeira compra por meio de transferência bancária, cartão de crédito, cartão de débito e demais meios de transferência monetária disponibilizados pelo Peixe Urbano, não sendo possível a utilização de créditos concedidos pelo Peixe Urbano para este fim."

...

Para quem tem muitos contatos, esse benefício pode ser bem interessante.

3. O Comerciante

A partir de agora somos todos comerciantes, e é com esses olhos que veremos a compra coletiva. Vamos obter informações fundamentais que nos ajudarão a decidir quando e em que condições é conveniente utilizar a compra coletiva para alavancar nossos negócios, evitando riscos e aproveitando o que a compra coletiva tem de melhor. As principais questões são:

➲ Minha área de atuação é favorável à utilização desse sistema?

➲ Quais as vantagens em utilizar a compra coletiva?

➲ Quais os riscos envolvidos nesse tipo de divulgação?

➲ Como calcular o custo real de uma campanha e avaliar a sua viabilidade?

➲ Como escolher um site de compra coletiva?

Áreas de atuação mais favoráveis à compra coletiva

O site de compra coletiva quer realizar ofertas que atraiam um grande número de interessados. Por esse motivo, ele prioriza comerciantes de produtos que comprovadamente despertem o interesse do público. Uma amostragem realizada com ofertas de São Paulo, no período de um mês, indicou que 80%

das ofertas referiam-se aos seguintes itens: restaurantes (38%), serviços de beleza (22%), turismo (12%), lazer (8%) e o restante distribuído entre inúmeros serviços e produtos. Supostamente, a concentração em serviços é reflexo de um melhor retorno obtido com campanhas já realizadas, mas qual seria a causa desse melhor retorno? Na medida em que no e-commerce tradicional as pessoas adquirem tanto serviços como bens de consumo, parece lógico que esse comportamento deveria se reproduzir no ambiente da compra coletiva. Uma provável razão para que os serviços tenham mais sucesso na compra coletiva é o fato de que é muito mais fácil oferecer um desconto expressivo em um serviço do que em um bem de consumo, em razão da maior margem de lucro. Como exemplo, vamos comparar a distribuição de custo entre dois produtos distintos: um jantar e um eletrodoméstico. No caso do jantar, boa parte do custo é fixo e ocorrerá com ou sem a venda do produto. É o caso do aluguel do restaurante, do ponto, dos salários do cozinheiro, garçom, manobrista, entre outros. A margem de lucro unitário do comerciante é alta, porque dificilmente ele consegue operar a plena capacidade, então o custo é dividido por uma quantidade menor de pessoas.

Já no caso do eletrodoméstico, o custo está praticamente todo embutido no produto, na forma de custos variáveis como matéria-prima, energia, tributação, entre outros. Além disso, em razão de sua característica de commodity, a facilidade de comparação entre um fornecedor e outro força a diminuição da margem de lucro. Por esse motivo, vemos frequentemente ofertas de sushi com 70% de desconto e raramente vemos um notebook ou televisor com um desconto sequer parecido. E se encontrar desconfie, pois é simplesmente impossível oferecer tamanho desconto para bens de consumo, em condições normais de mercado. A conclusão a que podemos chegar é a seguinte: uma das razões para que as ofertas de serviços sejam mais atraentes aos compradores do site de compra coletiva é justamente o maior desconto oferecido.

Esses dados já nos dão uma pista. Se os produtos que comercializamos não permitem um desconto expressivo, ao redor de 50%, é provável que a divulgação através da compra coletiva não seja a melhor estratégia, pelo menos no momento atual do mercado. A dificuldade inicial será encontrar um site de compra coletiva de grande porte que tenha interesse em ofertas de produtos e descontos menos atraentes, afinal o retorno financeiro da campanha dependerá da quantidade de compradores e, caso isso não ocorra, o site de compra coletiva arcará com o prejuízo. Supondo que seja possível encontrar um site que se interesse pela campanha, o risco é a realização de uma campanha com baixo retorno. Embora do ponto de vista financeiro isso represente um custo muito maior para o site de compra coletiva, realizar ações mercadológicas de baixo retorno não fazem bem a nenhuma empresa. Outro aspecto importante é a questão de compras recorrentes. Como você verá depois, o maior retorno dos comerciantes é a obtenção e retenção de novos clientes e isso é mais fácil de conseguir na prestação de serviços do que na venda de produtos. Usando o exemplo anterior, é muito mais fácil trazer o comprador para jantar novamente no restaurante do que trazê-lo para comprar outro eletrodoméstico. Esta análise está baseada na realidade atual do mercado. Com certeza, haverá uma evolução no sentido de ampliação da competição entre os sites de compra coletiva e também a busca de novos produtos que se apresentem favoráveis a esse tipo de divulgação, portanto, fique atento. Setores para os quais o mercado de compra coletiva ainda não está favorável como veículo de divulgação podem, em um futuro próximo, se tornar atrativos.

Vantagens da compra coletiva para o comerciante

Em razão de não haver um desembolso específico para a realização de uma campanha de compra coletiva, esse tipo de publicidade pode parecer uma barganha para comerciantes entusiasmados. Mas na prática não é bem assim, uma vez que, em média, o comerciante fica com apenas 25% da receita da campanha para cobrir os custos dos produtos vendidos. Ainda neste capítulo, mostraremos a matemática financeira do sistema e esse fato ficará claro, mas o importante é sabermos agora quais são as vantagens obtidas pelos comerciantes que podem compensar as altas margens transferidas ao comprador por meio do desconto e ao site de compra coletiva por meio do pagamento da comissão.

Consumo de produtos complementares

Normalmente os produtos ofertados pelos comerciantes são aqueles que podem estimular o novo cliente a consumir produtos complementares. Exemplo: na oferta de um jantar pela metade do preço não está incluído o consumo de bebidas e a sobremesa. Muito provavelmente esses itens serão também consumidos, e sem o desconto. Dessa maneira, o desconto real será menor em razão do maior gasto realizado pelo cliente. Vejamos esse exemplo numericamente.

Item de consumo	Preço normal	Preço Pago	Desconto %
JANTAR	80,00	40,00	50%
BEBIDAS	16,00	16,00	0,0%
SOBREMESA	12,00	12,00	0,0%
Consumo Total	108,00	68,00	37%

Observe que o desconto total oferecido foi de 37% e não de 50%. Na prática, isso significa que o custo da campanha foi parcialmente amortizado pelo consumo de outros itens. O consumo de produtos complementares não é uma regra geral, mas ocorre com muita frequência e muitas vezes se torna quase que uma necessidade, como é o caso da seguinte oferta de serviços dentários:

Oferta: Sorria, você vai economizar. 84% para clareamento dental na... De R$1600 por R$249,90. Faça clareamento dental a laser + diagnóstico por imagem + profilaxia. Você tem motivo de sobra para sorrir à vontade: a economia é de R$1.350,10

O preço de mercado para os serviços relacionados é próximo do valor real citado na oferta; portanto, partindo da premissa de que a qualidade dos serviços é adequada, o desconto é expressivo. De que forma, então, este comerciante poderá amortizar parte desse desconto? Ocorre que a oferta do exemplo tem uma particularidade: para realizar o serviço dentário é necessária uma verificação da dentição do paciente. Isso é feito na própria clínica e, uma vez constatada a necessidade de algum tratamento, o que é comum, este serviço é realizado antes do clareamento, obviamente ao preço normal e, por uma questão de comodidade, também na própria clínica, ou seja, nesta oferta o cliente já utiliza um serviço complementar ao preço normal antes mesmo de utilizar o desconto. Note que, neste exemplo, o comprador deve sempre ter a opção de realizar o tratamento prévio com outra empresa, mas mesmo assim, na maioria dos casos, ele acabará realizando no mesmo local por uma questão de comodidade. A possibilidade de consumo de produtos complementares é uma importante vantagem para o comerciante e deve sempre ser levada em consideração na montagem de campanhas de compra coletiva, desde que não torne a oferta desvantajosa para o cliente. Lembre-se, o nome do jogo vencedor no caso da compra coletiva é: ganha x ganha x ganha. Ganha o comprador, ganha o comerciante e ganha o site de compra coletiva. Se isso não for verdadeiro, não teremos um modelo de negócios vencedor.

Cupons não utilizados

A ideia de comprar algo e não utilizar parece esdrúxula. No entanto, talvez pela sua característica de compra por impulso, isso ocorre com relativa frequência no caso da compra coletiva. O fato é que, em razão de esquecimento, viagem inesperada, falta de tempo e até perda de interesse, entre outros fatores, uma parcela expressiva dos compradores não vai consumir o produto adquirido. A consequência financeira desse fato é que os produtos não consumidos representam uma diminuição do custo total do comerciante. Vamos exemplificar com uma oferta de um serviço de maquiagem no valor de R$ 80, com desconto de 60% e comissão de 50% do valor líquido para o site de compra coletiva.

A	Valor normal do produto	R$ 80,00
B	Desconto oferecido (60%)	(R$ 48,00)
C	Preço do cupom	R$32,00
D	Comissão site de compra coletiva (50%)	(R$ 16,00)
E	Receita do comerciante com a venda de cupons	R$ 16,00
F	Cupons vendidos	5.200
G	Cupons não utilizados (22%)	1.144
	Economia de custo (G x B)	R$ 54.912,00

Em decorrência da não utilização de 22% dos cupons, houve uma diminuição expressiva de quase 55 mil reais no custo. Note que a economia ocorre somente no desconto oferecido, uma vez que o site de compra coletiva recebe o seu pagamento independentemente da utilização do cupom. Ocasionalmente, podem ocorrer situações de devolução do dinheiro para o comprador, mas é uma situação atípica. O índice de não utilização de cupons depende principalmente do valor do produto: quanto menor o valor do produto, menor é a preocupação do comprador, o que acarreta um índice maior. Dados do mercado americano mostram que o percentual de cupons não utilizados pode chegar a 40% do total. No exemplo, utilizamos o percentual de 22%.

Aquisição de novos clientes

A estratégia de atrair novos clientes por meio de um site de compra coletiva é extremamente eficaz e rápida. Com apenas meio dia de divulgação, é possível atrair milhares de compradores para o estabelecimento, o que talvez represente o movimento de um mês inteiro. A maioria desses compradores nunca chegaria até a empresa sem esse tipo de divulgação, principalmente no caso das grandes cidades, e se eles gostarem da experiência de compra parte deles retornará uma ou mais vezes ao estabelecimento. Este é o principal benefício obtido pelo comerciante, tanto em termos financeiros, como veremos mais adiante, quanto em termos estratégicos – afinal, conquistar e fidelizar clientes é o objetivo final de qualquer empresário. O retorno obtido com esse fator depende de duas variáveis: a quantidade de cupons utilizados e o percentual de clientes que retornará. A quantidade de cupons está associada à qualidade da oferta e da campanha realizada pelo site de compra coletiva, já o percentual de clientes que retorna é consequência direta da satisfação do comprador com o produto recebido, portanto é de responsabilidade direta do comerciante. Infelizmente, uma boa estimativa para o índice médio de compradores que se tornam clientes regulares é difícil de conseguir, uma vez que somente os comerciantes têm como obter esse dado. Para isso, é necessário um controle preciso dos compradores trazidos pela campanha, bem como dos clientes regulares do estabelecimento, o que não é muito comum, principalmente em restaurantes. Um número seguro para se trabalhar seria a transformação de 10% dos compradores em clientes, mas com certeza esse percentual pode ser expressivamente maior se, além da imprescindível qualidade, houver algum estímulo por parte do estabelecimento para que esse retorno ocorra. Em uma de minhas incursões como comprador de cupons fui jantar em um restaurante de cozinha francesa. Ao término do jantar, o maître se dirigiu a nossa mesa, perguntou a nossa opinião sobre o atendimento e a comida, que, aliás, atendeu plenamente a expectativa e ofereceu um desconto especial de 20% em nossa próxima visita. Além disso, comentou sobre os festivais de pratos específicos realizados pelo restaurante e sugeriu que deixássemos o endereço de e-mail para sermos avisados sempre que isso ocorresse. Com certeza esse esforço do restaurante valerá a pena e poderá expandir muito o volume de clientes retornando à casa. Outro fator que tem forte influência na taxa de retorno de clientes é a localização do estabelecimento. Um acesso fácil tende a expandir a quantidade de compradores que se tornam clientes.

A divulgação da marca

Durante o período em que a promoção estiver ativa, o comércio vai receber uma massiva divulgação na Internet e a quantidade de pessoas que irá conhecer a marca é imensamente maior do que o número de compradores. Além da exposição do anúncio aos clientes do site de compra coletiva, ocorrerá também exposição da marca em sites de grande visitação, e muitos compradores espalharão a oferta entre amigos por meio de mídias sociais como Orkut, Facebook, Twitter, entre outros. O interessante é que em praticamente todos os anúncios haverá a possibilidade de uma visita ao site do comerciante por meio de um simples clique. É normal, durante a campanha, ocorrer um expressivo salto na visitação do site. Trata-se de pessoas que estão, em sua maioria, visitando o site pela primeira vez e conhecendo a empresa. Isso tem muito valor e, embora o grosso da visitação dure um curto período, isso vai repercutir também em retorno de longo prazo. Aqui o cuidado com a imagem da empresa é fundamental. O nome da empresa, o logo e as imagens de seus produtos serão expostos na Internet para centenas de milhares de pessoas. Vale a pena caprichar no visual e na comunicação pensando em termos de retorno da campanha e também no branding. Mesmo que o site de compra coletiva se responsabilize pela montagem da peça, ninguém melhor do que o próprio comerciante para conhecer seu produto e o seu público-alvo e se mostrar de forma positiva para ele. O site, por si só, merece um tratamento especial, afinal ele será o ponto de contato futuro entre o comerciante e o comprador e deve cumprir muito bem o seu papel de transmitir uma boa impressão da empresa.

Fluxo de caixa favorável

Na maior parte dos investimentos em publicidade, o investimento antecede a receita, ou seja, primeiro existe um desembolso de caixa e posteriormente uma entrada no momento em que a compra é efetivada. É o caso dos anúncios nas diversas mídias, inclusive em anúncios PPC (Pay Per Click) nos quais o débito ocorre a cada clique realizado no anúncio e que não necessariamente resultará em compra. No caso da compra coletiva, o comerciante tem primeiro uma receita e posteriormente ocorrerão saídas de caixa para cumprir a entrega da mercadoria adquirida. No que se refere ao pagamento da comissão para o site de compra coletiva, o valor da receita já vem subtraído do percentual estipulado que varia entre as empresas, mas pode chegar até a 50% da receita de venda. Os prazos para repasse da receita do comerciante variam conforme o contrato com o site de compra coletiva, mas em geral ocorrem num período máximo de dois meses, sendo uma parcela expressiva do valor repassada logo na primeira semana após a campanha. O fato é que haverá uma entrada forte de recursos no curto prazo, que não ocorre em outras estratégias de divulgação, e isso, dependendo das circunstâncias, é extremamente positivo para o comerciante.

Como vimos, existem benefícios concretos para o comerciante na divulgação por meio do sistema de compra coletiva.

Mais adiante vamos quantificar essas vantagens e avaliar com a frieza dos números quando é vantajoso utilizar o sistema. O fundamental é que o comerciante faça as contas e saiba quanto está gastando em uma campanha e quanto terá de retorno. A avaliação mais precisa possível sobre o custo e o retorno de campanhas é uma regra fundamental na gestão de marketing, e isso é válido tanto no sistema de compra coletiva quanto para qualquer outro tipo de investimento publicitário.

Riscos enfrentados pelos comerciantes

Já que acabamos de ver as vantagens da utilização do sistema de compra coletiva, vamos analisar agora os riscos envolvidos nesse tipo de divulgação. O objetivo não é fazê-lo desistir de sua campanha, mas sim refletir sobre potenciais fontes de problemas de forma a se prevenir e maximizar o retorno das campanhas.

A importante questão do custo

Como diz um sábio provérbio: "Os fatos são teimosos", e um fato que nunca deve ser desconsiderado pelo comerciante é que ele está entregando um produto por cerca de 25% de seu preço normal, e, em muitas situações, até por menos do que isso. Apenas para refrescar a memória: 50% de desconto no preço do produto é transferido para o cliente e metade do restante, portanto, 25%, fica com o site de compra coletiva como pagamento pelos serviços de divulgação, o que nos leva a um custo total de 75%. Embora o desconto seja variável e o valor gasto com a comissão do site de compra coletiva vá diminuir ao longo do tempo, podemos considerar que este ainda é um padrão comum de partilha da receita no sistema de compra coletiva. É claro que existem as inúmeras variáveis atenuantes e compensatórias desses números apresentadas há pouco, mas o objetivo aqui é lembrar que a campanha terá um custo e o comerciante deve sempre saber com precisão quanto vai custar a sua campanha para contrabalançar com os potenciais benefícios.

O risco de diluição da marca

Comerciantes que oferecem produtos premium devem ter muito cuidado ao oferecer produtos com preço excessivamente baixo. Os compradores adquirem esse tipo de produto pagando um preço superior e fazem isso na crença de que o produto ofereça benefícios compatíveis, tais como uma qualidade superior, um atendimento diferenciado, um ambiente único e assim por diante. Além desses benefícios tangíveis, existem outros de cunho psicológico, mas não menos importantes, que motivam o comprador – como o fato de que o consumo daquele produto lhe dará um status diferenciado, uma vez que nem todos podem pagar o alto preço. É o caso das grifes de roupas, restaurantes e também de serviços como spas, salões de beleza, entre outros, sendo que alguns desses compõem o rol de ofertas dos sites de compra coletiva. A exposição massiva de um produto de grife pela metade de seu preço pode levar seus compradores à percepção de que a marca realmente não vale o preço normalmente cobrado, além do fato de que qualquer um poderá utilizar o mesmo produto, graças às ofertas frequentes. Mas não são somente os comerciantes de produtos premium que correm o risco de diluição da marca. Qualquer comerciante que ofereça seus produtos pela metade do preço de forma ostensiva e com frequência irá doutrinar seus clientes de que a compra do produto só valerá a pena quando este estiver em promoção, ou seja, o que era para ser uma exceção, a compra com desconto, passaria a ser a regra.

A promoção via compra coletiva é uma poderosa ferramenta de divulgação, mas deve ser utilizada com moderação e de forma inteligente para não causar a depreciação da marca. O comerciante não deve "canibalizar" o próprio negócio oferecendo toda a linha de produtos pela metade do preço, mas sim selecionar cuidadosamente aqueles produtos que não são prioritariamente adquiridos pelos compradores regulares, mas que podem servir como atrativos para possíveis novos clientes em razão da oferta. Produtos novos e novos serviços também representam uma boa alternativa para trazer clientes de diferentes perfis, mas sempre preservando a margem de lucro tradicional para parte dos produtos. Outra dica é não realizar ofertas em curtos espaços de tempo e se possível procurar utilizar sites de compra coletiva diferentes para não se expor com regularidade como oferecedor de descontos.

O risco de atrair o comprador errado

Diretamente relacionado ao que foi abordado no tópico anterior, o risco de atrair público errado para a loja é muito comum. Veja o depoimento de um dono de uma cantina italiana, de um bairro nobre de São Paulo, que exemplifica muito bem esse tipo de problema.

"Quando realizei a campanha de divulgação com um desconto de quase 60%, tinha consciência de que não haveria lucro financeiro na campanha e talvez até algum prejuízo, mas isso não me preocupava, pois imaginava que a possível ampliação na minha clientela tradicional compensaria o prejuízo. De fato, a quantidade de novas pessoas que chegaram até o estabelecimento foi fabulosa, mas no primeiro dia de validade da oferta eu já detectei o problema. A maioria absoluta das novas pessoas que chegavam nunca seria meu cliente. Elas estavam lá apenas para conhecer o local, apreciar a comida e gastar o menos possível em bebidas, sobremesas, gorjetas ou qualquer coisa que pudesse comprometer o desconto oferecido. E mesmo gostando do jantar não voltariam em outra ocasião para pagar o preço normal. Daquele momento em diante, passei a torcer para que o prazo de validade dos cupons se esgotasse logo."

Essa é uma questão que preocupa muito mais o comerciante do que o site de compra coletiva, por uma razão bem simples: o objetivo imediato do site de compra coletiva é obter a maior receita possível da venda de cupons, afinal é daí que sairá o seu lucro. Para o comerciante, o principal objetivo é ampliar a sua clientela trazendo compradores que poderão se tornar clientes regulares, gerando um fluxo de caixa positivo ao longo do tempo. Mas, para que isso aconteça, o perfil do comprador trazido até o site não deve ser muito discrepante da clientela tradicional. Quanto mais elitizado o produto e quanto maior o desconto oferecido, maior é o risco de a campanha trazer compradores que nunca mais voltarão. É muito importante discutir esse assunto com o representante do site de compra coletiva e deixar claro que a possibilidade de novos negócios está diretamente relacionada à aquisição de novos clientes, e este é o principal fator de avaliação da campanha. É preciso também avaliar com frieza até que ponto vale a pena ampliar o desconto oferecido, lembrando que o perfil dos visitantes é tão ou mais importante que a quantidade deles. Essa é a famosa métrica chamada TCC, a Taxa de Conversão em Clientes, utilizada nas mais diversas estratégias de web marketing.

O risco de não atender a expectativa dos visitantes

Considerando que o principal objetivo de uma campanha de compra coletiva para o comerciante é a conversão de um bom percentual de visitantes em clientes, um mau atendimento dedicado ao comprador visitante representaria um verdadeiro tiro no pé, afinal, o comprador que adquiriu o cupom espera receber o produto em condições normais de qualidade, e sua eventual insatisfação comprometeria totalmente o objetivo de expandir a clientela. Ocorre que o risco de oferecer uma experiência de compra insatisfatória ao comprador é muito plausível em razão das características desse sistema de divulgação. Campanhas de compra coletiva trazem milhares de compradores num prazo curtíssimo. Isso tem implicações em termos de aumento no estoque de matérias-primas, aumento na quantidade de mão de obra necessária para a manutenção do bom atendimento, treinamento de pessoal, capacidade física do local em abrigar um volume adicional de clientes e uma infinidade de outros cuidados a serem tomados. No caso específico de restaurantes, utiliza-se a prática da reserva para evitar que a casa fique superlotada ou, o que é menos interessante para o comprador, limitar a utilização do cupom de segunda a quinta, quando normalmente a visitação é menor. Outra prática adotada por alguns comerciantes é contratar trabalhadores temporários durante o período de validade da campanha. É uma opção válida para evitar o risco de mau atendimento, porém deve-se ficar atento a dois aspectos. Em primeiro lugar, com relação à qualificação dessa mão de obra, certificando-se de que os contratados têm plenas condições de executar as funções no padrão de qualidade do estabelecimento. Em segundo lugar, esse expediente representa um custo que deve ser considerado, afinal de contas, sem a campanha a mão de obra adicional não seria necessária. Finalmente, outra forma de se precaver contra o risco de mau atendimento decorrente da lotação é estabelecer uma quantidade de cupons que seja perfeitamente compatível com a capacidade da empresa. Para esse cálculo deve-se levar em consideração o índice de não utilização de cupons para o produto a ser divulgado e o representante do site de compra coletiva deve ajudá-lo nessa tarefa. Finalmente, o comerciante deve se preocupar com a escolha adequada da data de promoção. A questão da sazonalidade é um importante fator a ser considerado quando da escolha do período de campanha. Comerciantes cujos produtos tenham uma relativa sazonalidade podem aproveitar os períodos de baixa para a realização de campanhas e assim ativar a estrutura e os recursos subutilizados.

O risco de fraudes

A possibilidade de fraude é uma realidade em qualquer tipo de transação, inclusive no sistema de compra coletiva. A fraude pode ser cometida por qualquer um dos agentes envolvidos na transação, inclusive o comprador. Algumas situações possíveis seriam o comprador utilizar algum tipo de programa de edição de imagens para modificar ou duplicar o cupom e a aquisição de mais de um cupom quando a regra definia apenas um cupom por pessoa. Neste tipo de situação o prejudicado será o comerciante, uma vez que ele é quem bancará a entrega da mercadoria por mais de uma vez. A solução é fazer um controle rigoroso dos cupons que dão entrada no estabelecimento, preferencialmente utilizando um sistema eletrônico que possibilite a verificação rápida da validade do documento. Quando o cliente chega ao estabelecimento já entrega o cupom ao garçom. O acesso imediato ao sistema do site de compra coletiva já permite a confirmação e a baixa daquele código do sistema.

Como avaliar o retorno financeiro das campanhas

Quando bem utilizada, a informação tem um valor inestimável na gestão de negócios. Isso é válido em qualquer circunstância, inclusive para os comerciantes anunciantes no sistema de compra coletiva. Como a venda dos cupons e a maior parte da divulgação das ofertas ocorrem na Internet, os sites de compra coletiva obtêm muitas informações úteis para si e também para o comerciante, para quem é repassado um relatório de campanha. Ele fica sabendo, por exemplo, a quantidade de exposições dos anúncios, o número de cliques, a quantidade de cupons comprados e os valores a serem recebidos. Isso pode ser realizado online, com o acesso direto ao sistema do site por parte do comerciante. Além disso, o estabelecimento receberá os cupons dos compradores e terá o levantamento final de quantos utilizaram o cupom e a distribuição ao longo do período de validade da oferta. Outra informação importante, esta coletada pelo comerciante, é o total consumido, o que fornecerá o impacto real do desconto, decorrente da compra de produtos complementares, que é um importante fator a ser considerado. Infelizmente para o comerciante, uma preciosa informação não é cedida pelos sites de compra coletiva: o endereço de e-mail dos compradores daquele produto. Isso ocorre por razões estratégicas. Se ele ceder essas informações, o comerciante poderia facilmente fazer uma nova campanha dispensando os serviços de seu parceiro. Além disso, a base de dados de compradores é o principal patrimônio dos sites de compra coletiva e representa o resultado de seu trabalho e de sua presença na Internet. Apesar dessa limitação, o comerciante pode muito bem solicitar esse dado e até outras informações do próprio comprador que se dirigir ao estabelecimento, embora isso seja bem mais trabalhoso do que receber a informação pronta do site de compra coletiva. De maneira geral, é muito importante coletar o máximo possível de dados que possam ser utilizados na avaliação do retorno da campanha e na tomada de decisões futuras. No tópico seguinte veremos algumas informações de relevância do ponto de vista financeiro.

Análise financeira de uma campanha e a sua viabilidade

Uma questão fundamental é o levantamento preciso do custo de uma campanha para avaliação do retorno financeiro do investimento – ROI – e também a comparação com outras estratégias de web marketing. Veja a seguir uma demonstração de resultados simplificada de uma campanha de compra coletiva para o comerciante:

A	**Receita Total da Campanha**
a.1	Receita líquida da venda de cupons
a.2	Receita de compras complementares
a.3	Receita decorrente de novos clientes

B   Custo dos Produtos/Serviços Vendidos

C   Lucro/Prejuízo da Campanha

Vamos conhecer e entender como se calcula cada um dos itens citados.

A Receita total da campanha

São os valores monetários decorrentes de uma campanha de compra coletiva e que entrarão no caixa em diferentes momentos. Existem três tipos de receitas:

a.1 Receita líquida da venda de cupons

É o valor decorrente da venda dos cupons já subtraída a comissão do site de compra coletiva e pequenas despesas eventuais. Trabalhamos com o valor conservador de que metade do valor pago pelos compradores ficará com o comerciante, embora esse percentual seja variável.

Fórmula de cálculo:

[Qtdade de cupons vendidos x preço de venda do cupom x 0,50]

a.2 Receita de compras complementares

É a receita obtida com a venda de produtos complementares aos itens cobertos pelo cupom. Exemplo: bebidas e sobremesa que acompanham um jantar.

Fórmula de cálculo:

[Qtdade cupons utilizados x % de cupons com compras complementares x valor médio da compra complementar]

Onde:

⮕ **Quantidade de cupons utilizados** – Compradores que foram até o estabelecimento para trocar os seus cupons dentro do prazo. No mercado americano esse número é estimado em cerca de 70% do total de cupons vendidos. Utilizamos esse mesmo percentual.

⮕ **Percentual com compras complementares** – Nem todos os compradores realizam compras complementares. Esse número varia conforme a característica do produto que está sendo ofertado, mas o mercado estima que cerca de 40% dos compradores compram algo a mais do que o estabelecido no cupom.

⮕ **Valor médio da compra complementar** – Valor médio dos produtos complementares que costumam ser adquiridos. O comerciante deve fazer uma relação dos produtos que costumam ser solicitados juntamente com o produto ofertado e calcular a média de valor. Uma forma mais simples será estimar um percentual adicional em relação ao valor do produto. Aqui, trabalhamos com a hipótese de que o valor médio de cada compra complementar representa 15% do valor do produto, o que é equivalente a 30% do preço do cupom, quando o desconto é de metade do valor. Nossa estimativa de 15% do valor do produto é conservadora, principalmente no caso de restaurantes, onde o consumo de itens complementares como entrada, bebidas e sobremesa é comum. Em outras categorias de produtos, a realidade pode ser diferente.

a.3 Receita decorrente de novos clientes

É a receita obtida com compradores que retornaram pelo menos uma vez para nova compra sem o cupom, portanto, pagando o preço normal do produto adquirido.

Fórmula de cálculo:

[Qtdade cupons utilizados x % de clientes que retornam x gasto médio de clientes regulares]

Onde:

➲ **Quantidade de cupons utilizados** – Conforme visto na fórmula anterior (a.2).

➲ **Percentual de clientes que retornam** – Uma parte dos compradores ficará satisfeita com o produto e retornará outras vezes. Aqui, realmente, o grau de incerteza é grande e somente um comerciante com um bom controle de vendas poderá obter esse dado algum tempo depois de realizada a campanha. Vamos trabalhar com a hipótese de que 20% dos compradores retornarão somente uma vez ao estabelecimento. Tendo em vista que alguns compradores podem retornar mais de uma vez, a estimativa de apenas um retorno para 20% dos compradores é bem factível.

➲ **Gasto médio de clientes regulares** – Este é um dado mais fácil de obter. O comerciante tem um histórico de vendas e pode chegar facilmente ao valor médio por cliente. Como simplificação de cálculo, pode-se supor que o gasto médio seja equivalente ao valor normal do produto que está sendo ofertado.

B – Custo dos produtos ou serviços vendidos (CPV)

A ideia aqui é considerar somente o custo ocorrido em função dos clientes de compra coletiva. Portanto, esse custo não deve incluir despesas indiretas, como aluguel, energia, salários, entre outras, que ocorreriam mesmo sem a realização da campanha. Consideram-se itens como o custo de aquisição de produtos vendidos, o custo de produção, matéria-prima, dentre outros. Exemplo: para uma lanchonete que ofertou um sanduíche, se consideraria o custo de produção dos sanduíches adicionais decorrentes da campanha. Se houve gasto adicional em decorrência da campanha, como a contratação de mão de obra temporária, esse custo deve ser computado. Em nosso exemplo, trabalhamos com a hipótese de que o CPV representa 30% do valor de venda dos produtos. Naturalmente esse percentual é uma estimativa, uma vez que o custo varia conforme o setor e as características do produto comercializado. O dado real para cada situação deve ser levantado pelo comerciante. A fórmula utilizada em nosso exemplo é a seguinte:

[preço do produto x cupons vendidos x 0,30]

C – Lucro ou prejuízo da campanha

É a diferença entre as receitas e custo dos produtos vendidos. Em caso de uma diferença negativa, ou seja, uma despesa maior que a receita, tem-se um caso de prejuízo com a campanha, o que pode ocorrer. Na demonstração a seguir, não estamos considerando outros benefícios, como a exposição da marca durante a campanha, em razão de sua difícil quantificação.

Agora, para ficar mais claro, vamos utilizar a nossa demonstração de resultado em um exemplo hipotético.

Demonstração de resultados de uma campanha de compra coletiva			
A	RECEITA TOTAL	R$ 43.200,00	100%
a1	Receita da venda de cupons	R$ 25.000,00	58%
a2	Receita de compras complementares	R$ 4.200,00	10%
a3	Receita decorrente de novos clientes	R$ 14.000,00	32%

B	Custo dos Produtos/Serviços Vendidos	R$ 30.000,00	30%
C	Lucro da campanha	R$ 13.200,00	31%
V	VARIÁVEIS		%
v1	Valor do produto	100,00	
v2	Desconto oferecido (v1 x %)	50,00	50%
v3	Preço de venda cupom (v1 – v2)	50,00	
V4	Comissão Site de Compra Coletiva por cupom (v3 x %)	25,00	50%
V5	Valor médio de compra de produto complementar (v3 x %)	15,00	30%
v6	Cupons vendidos	1.000	
v7	Cupons utilizados (v6 x %)	700	70%
v8	Compras produtos complementares (v7 x %)	280	40%
v9	Compradores que se tornaram clientes (v7i x %)	140	20%

Os campos em destaque contêm dados inseridos pelo comerciante. Ao modificar esses dados, as variáveis que servirão de base para estimar o resultado da campanha são alteradas. Em nosso exemplo, usamos dados médios baseados no mercado americano, mas um comerciante zeloso pode obter esses números de forma mais precisa, principalmente pelo fato de que cada empreendimento tem peculiaridades que influenciam os resultados, tais como: o segmento de atuação, a linha de produtos, a localização do estabelecimento, o perfil da clientela, entre infindáveis outras.

Note que, se considerarmos somente a receita das vendas de cupons, a campanha tem um prejuízo de R$ 5.000,00 [25.000,00 – 30.000,00], mas ao considerarmos também as receitas decorrentes de compras complementares e receitas de novos clientes, chegamos a um lucro líquido de R$ 13.200,00. Essa é uma ocorrência comum na compra coletiva e mostra por que o comerciante deve ficar atento às compras complementares e, particularmente, aos clientes que retornam. No exemplo, essas duas receitas somadas representam 42% da receita total, ou seja, quase duplicam a entrada de caixa decorrente da venda de cupons. A planilha vista anteriormente foi criada no Excel e pode ser utilizada na projeção de resultados de campanhas. Para baixar a planilha utilize o link www.e-commerce.org.br/ compracoletiva-calculadora.

Comparação de custos: compra coletiva x links patrocinados

Para comparar diferentes estratégias de divulgação, vamos usar o custo de aquisição de cliente. No caso da campanha do exemplo, o custo total de cada cliente é de R$ 75,00, que é a soma do desconto oferecido ao cliente (R$ 50,00) mais a comissão do site de compra coletiva (R$ 25,00). Para efeito de comparação, vamos supor que esse desconto de 50% seja também oferecido em outras estratégias com objetivo de atrair o cliente. Assim, ficaríamos apenas com o custo do site de compra coletiva, que, no caso do exemplo, é de R$ 25,00. No caso de anúncios em links patrocinados, temos que supor o valor de duas variáveis: o custo por clique (CPC), que vamos estimar em R$ 0,45, e a taxa de conversão (TC), que é o percentual de visitantes do site que são convertidos em clientes. Vamos considerar essa taxa em 2%, que é um bom padrão de conversão em lojas virtuais. Para chegar ao custo de aquisição, fazemos [CPC / TC]. Assim, o custo para trazer um visitante através de links patrocinados seria R$ 22,50 [0,45 / 0,02]. Neste exemplo, o custo de aquisição de clientes no sistema de compra coletiva é próximo do custo no sistema de links patrocinados, R$ 25,00 e R$ 22,50, respectivamente. Para chegar a esses resultados utilizamos valores hipotéticos para ambos os sistemas, embora próximos de uma média de mercado. Assim, o resultado poderia ser favorável a uma ou outra estratégia, dependendo das características do negócio para o qual se está analisando as alternativas. Também é possível para o comerciante tentar diminuir o custo de cada cliente em ambas as estratégias. No caso do link patrocinado, considerando que o custo por clique é uma variável de mercado, a melhor forma seria aumentar a taxa de conversão, melhorando o desempenho do site, mas em condições normais não é fácil expandir essa taxa. No caso da compra coletiva, para baixar o custo por cliente sem alterar o produto e desconto oferecido, o comerciante precisa negociar um percentual de comissão menor com o site de compra coletiva. Como as taxas cobradas atualmente são altas, isso tende a ser mais fácil de conseguir.

Como norma geral, o comerciante deve coletar os dados específicos de seu negócio e não deixar de fazer cálculos quando se trata de investir em campanhas de divulgação, porque o objetivo final não é o volume de vendas geradas, mas sim o retorno do investimento. Além disso, é fundamental registrar todos os dados e resultados de campanhas realizadas, pois essa informação servirá de base para futuras decisões de divulgação a serem tomadas.

Vale a pena fazer sua própria campanha?

Uma possibilidade que será cogitada por muitos comerciantes é a de não utilizar o serviço do site de compra coletiva e começar a divulgar a sua oferta por conta própria. Em princípio parece interessante, tendo em vista que o valor pago ao parceiro poderia ser canalizado para publicidade utilizando links patrocinados, por exemplo. Do ponto de vista financeiro, teríamos que considerar principalmente o custo de publicidade necessário para gerar cada venda no mesmo padrão de desconto oferecido na compra coletiva. No exemplo anterior, o custo de aquisição de um cliente por meios de links patrocinados é um pouco abaixo do custo na compra coletiva: R$ 25,00 x R$ 22,50 e foi obtido considerando-se a venda de 1000 cupons, portanto, nessas condições, o custo total em publicidade teria uma diferença ao redor de R$ 2.500 a favor dos links patrocinados. Mas, como vimos, trata-se de um exemplo hipotético utilizando-se variáveis médias de mercado. Para a tomada de decisões cada comerciante deve realizar o seu próprio cálculo de custo.

Naturalmente, existem inúmeras outras variáveis que devem ser consideradas antes de se fazer a opção por uma campanha própria. Uma vantagem de realizar a campanha internamente é a obtenção dos e-mails dos compradores da oferta, já que o site de compra coletiva não disponibiliza esses e-mails para os comerciantes. Já a desvantagem mais expressiva é o fato de que dificilmente o comerciante vai conseguir um desempenho tão bom quanto os sites de compra coletiva, afinal eles são especialistas nesse tipo de promoção, conhecem os canais mais eficazes de comunicação, conseguem preços muito mais baixos na mídia em razão da escala e possuem um gigantesco banco de dados de compradores aguardando pela oferta do dia. Além disso, a divulgação vai exigir tempo e dedicação de profissionais da empresa, o que também representa um custo não considerado em nosso cálculo. Como princípio geral de gerenciamento de negócios, é melhor a empresa terceirizar todas as funções que não sejam a sua atividade principal, o que inclui a gestão de campanhas publicitárias.

Efeito do valor do produto no custo de divulgação

Outro aspecto que afeta duplamente uma campanha de compra coletiva é o valor do produto vendido. O quadro seguinte mostra a evolução do custo da campanha de compra coletiva para diferentes valores de produtos. A fórmula utilizada para se chegar aos valores foi:

[Qtidadecupons vendidos x valor do produto x 75%]

Custo de Campanha em Função do Preço do Cupom			
Valor do Produto (R$)			
Cupons	**30,00**	**50,00**	**100,00**	**275,00**
500	11.250	18.750	37.500	103.125
1000	22.500	37.500	75.000	206.250
3000	67.500	112.500	225.000	618.750
5000	112.500	187.500	375.000	1.031.250

Observe que na medida em que o valor do produto aumenta, o custo total da divulgação no sistema de compra coletiva aumenta. Isso se deve ao fato de que o comerciante tem o custo do desconto oferecido mais o custo do repasse ao site de compra coletiva. No exemplo, foi utilizado um desconto de 50% mais uma comissão de 25% do valor total, o que leva o custo para 75% do valor do produto. Lembre-se que quando o preço do produto é menor, o desembolso do comprador de cupom também é menor, o que estimula a compra. Assim, do ponto de vista do comerciante, a melhor estratégia é trabalhar com produtos de valor mais baixo e o preço do cupom também baixo. Essa combinação vai expandir a quantidade de cupons vendidos, trazendo mais compradores para a loja, que é o objetivo principal da campanha ao mesmo tempo em que mantém os custos de divulgação num melhor patamar. É claro que existem fatores compensatórios que diminuem o custo da campanha, conforme visto há pouco. Porém, o objetivo aqui é demonstrar que, no caso da compra coletiva, o valor do produto divulgado afeta diretamente o custo da campanha.

Como escolher um site de compra coletiva

O site de compra coletiva recebe uma comissão sobre as vendas de cupons realizadas que pode representar até 50% do total vendido. Esse é o preço do serviço executado pela empresa e cabe ao comerciante avaliar se o preço é justo em relação ao serviço oferecido. Naturalmente, isso ficará claro ao final da campanha, mas como avaliar um site de compra coletiva antes de estabelecer a parceria? Vamos ver alguns aspectos que devem ser considerados na escolha do site de compra coletiva que irá realizar a campanha:

➲ **Credibilidade.** Se o site de compra coletiva já está há algum tempo no mercado e tem um nome conhecido, os interessados na oferta estarão mais confiantes para realizar a transação, além de oferecer menor risco de surpresas desagradáveis ao comerciante.

➲ **Base de clientes cadastrados.** O cadastro é a principal fonte de divulgação da oferta. Normalmente, são centenas de milhares de pessoas que já adquiriram um cupom de desconto e conhecem o site. Quem possui um cadastro maior tem mais chances de obter uma venda mais expressiva, o que deve ser considerado na avaliação. Os principais players no Brasil já possuem cadastros com milhões de usuários.

⊃ **Perfil dos usuários.** De maneira geral, o perfil do cliente de compra coletiva é bom, até em decorrência do perfil do internauta, que possui boa formação e bom nível de renda em relação à população em geral. Mas, eventualmente, em razão de campanhas anteriores o perfil dos cadastrados em determinado site pode ser mais compatível com o produto que será comercializado. Esse fato aumentará a taxa de retorno da campanha.

⊃ **Especialização.** Eventualmente, o site de compra coletiva não é um dos grandes, mas é focado justamente no segmento de atuação que interessa ao comerciante. Neste caso, pode ser uma aposta interessante em razão da expertise e do foco em determinado nicho, que podem gerar uma maior taxa de conversão. Existem duas formas de obter informações: a primeira é perguntar diretamente à empresa e a segunda é buscar essa informação por meio da Internet. O ideal é fazer as duas coisas, começando pela pesquisa.

É muito fácil obter informações dos sites de compra coletiva porque todos estão na Internet e a maioria deles disponibiliza informações sobre todas as campanhas já realizadas, ou pelo menos as mais recentes. Procure a seção do site que apresenta as campanhas passadas para obter dados importantes, como o perfil das empresas que realizaram campanha. Se muitas delas forem do mesmo segmento de atuação do comerciante é um bom indicador, pois muitos compradores do produto a ser ofertado já estarão lá aguardando pela oferta. Além disso, o site já possui alguma experiência no segmento em questão. Essas campanhas de empresas do mesmo segmento devem ser agrupadas e avaliadas em termos de produtos ofertados, preços, tamanho do desconto e quantidade de cupons vendidos. A partir desses dados fica mais fácil criar uma oferta vencedora. Tome o cuidado de verificar se não houve alguma oferta concorrente muito recentemente, pois isso poderia inibir o comprador de adquirir dois produtos semelhantes num período muito curto de tempo. Visite o site de algumas empresas que utilizaram o serviço e, por meio de um contato telefônico, procure obter delas o grau de satisfação em relação à campanha realizada, bem como outras informações específicas que podem ser úteis. Por fim, verifique também a apresentação da empresa e a forma de apresentação das ofertas, bem como o site de maneira geral.

O que perguntar ao site de compra coletiva

Além das questões anteriores, tudo que for relevante para definir a qualidade do futuro parceiro comercial deve ser discutido. Seguem algumas possíveis questões:

➲ Qual é o método de trabalho da empresa e, de forma geral, como a campanha é desenvolvida?

➲ Como a empresa irá utilizar o seu conhecimento do mercado e ajudar na escolha do produto e na montagem de uma oferta vencedora?

➲ Quais são as condições de negócio e os procedimentos para a realização da campanha? Comissão a ser paga, tempo que a empresa leva para repassar os recebimentos, etc.

➲ O que a empresa oferece como amostra de desempenho já realizado?

➲ O que se pode esperar de resultado de uma eventual campanha para o produto em questão?

➲ Alguns sites de compra coletiva têm restrições ao fato do comerciante realizar campanhas futuras com outras empresas, o que não faz muito sentido. Verifique se esse é o caso da empresa candidata.

Que produtos ofertar

Um critério é a divulgação de produtos que sabidamente têm grande demanda. Por exemplo: em São Paulo a pizza e o sushi são produtos altamente disseminados e consumidos pela população; consequentemente, as campanhas atingem uma expressiva parcela do mercado. Isso explica o fato desses dois produtos serem presença frequente nos sites de compra coletiva. Outra questão relevante é a margem de lucro do produto. Quanto maior for essa margem, maior será a viabilidade do oferecimento de um bom desconto. Outro critério é a divulgação de ofertas que facilitem e até estimulem o consumo de produtos complementares, além de produtos novos ou ainda não tão conhecidos pelos clientes. Por fim, priorize produtos que gerem compras recorrentes de forma a estimular a volta do comprador e a sua fidelização.

Que retorno esperar de uma campanha

Dependendo do produto, é possível esperar um repentino e, às vezes, explosivo aumento nas vendas, e possivelmente as vantagens obtidas pelo anunciante. A revista Veja reportou o caso de uma rede de sanduíches na cidade de São Paulo que conseguiu vender mais de 30 mil cupons de sanduíches com uma campanha de compra coletiva[13]. Já em nossa amostragem, realizada com duzentas ofertas, o melhor resultado em termos

---

13 Revista VEJA SP, dezembro 2010

de cupons vendidos foi de 27.382 cupons, o que resultou em um faturamento de R$ 465.494. Naturalmente, projeções mais confiáveis devem ser buscadas em resultados médios, e a tabela abaixo mostra como seria o resultado de uma campanha de compra coletiva, de acordo com as médias obtidas em nossa amostragem:

Média dos resultados de campanha
(amostra 200 ofertas)

	MÉDIAS
VALOR DO PRODUTO OFERTADO	R$ 274,00
PREÇO DO CUPOM	R$ 99,80
DESCONTO OFERECIDO	61%
QUANTIDADEDE CUPONS VENDIDOS	1.692
FATURAMENTO	R$ 61.802,00

A tabela é interessante por mostrar o valor real médio de campanhas ocorridas em São Paulo no período de um mês, mas esses valores podem variar muito. O faturamento, por exemplo, parte de algo ao redor de 500 reais e ultrapassa os 700 mil reais. Existem inúmeros fatores que irão influenciar na quantidade de cupons vendidos e no faturamento, que serão abordados no próximo capítulo. Por enquanto, não devemos perder de vista que o importante para o comerciante não é somente o resultado financeiro da venda de cupons, mas sim a retenção de clientes, que, conforme visto, vai complementar a receita das vendas de cupons e trazer o lucro esperado por meio dos novos clientes.

4. O Empreendedor

Chegou a vez de analisar o negócio de compra coletiva sob a ótica das empresas que fazem todo o processo ocorrer. Somos todos, a partir de agora, dirigentes de um site de compra coletiva e queremos saber quais são as oportunidades a serem aproveitadas e os riscos a serem evitados para termos sucesso em nosso empreendimento. O patrimônio de um site de compra coletiva inclui os seguintes componentes: o know-how de seus dirigentes e funcionários; os seus clientes comerciantes; os seus clientes compradores e a infraestrutura. Neste capítulo vamos analisar cada um desses itens, bem como os fatores críticos para o sucesso do empreendimento. O ciclo de atividade no setor é intenso e inclui preparar e divulgar pelo menos uma campanha por dia para todas as cidades em que o site está presente – mas não é somente isso: existe também o trabalho de divulgar a marca, conquistar clientes comerciantes e crescer para ocupar rapidamente o mercado. Como vimos, o setor teve um dos mais rápidos crescimentos já vistos na Internet, mas ainda não está consolidado. Muitas mudanças ainda ocorrerão, o que implica na necessidade de acompanhar as tendências e se adaptar rapidamente às mudanças e à evolução frequente do mercado. O que funciona muito bem hoje pode não funcionar amanhã e o que ainda não é viável poderá vir a ser num futuro breve.

Fatores críticos de sucesso para o empreendedor

O primeiro fator de sucesso é o mesmo que se aplica a qualquer tipo de negócio desde os tempos em que o pagamento de transações era realizado com saquinhos de sal. É preciso gerar valor para os clientes, atendendo com eficácia as suas necessidades. Valor é a diferença entre aquilo que o cliente recebe e o que ele paga por isso[14]. Modelos de negócios de corretagem, como é o caso da compra coletiva[15], têm como característica o atendimento de duas clientelas: os clientes compradores de cupons e os clientes comerciantes para os quais o site presta o serviço de divulgação e de quem se recebe o pagamento. Vamos conhecer as necessidades de cada uma dessas clientelas.

➲ **Os compradores de cupons.** O que esses clientes desejam é essencialmente receber boas ofertas em sua caixa postal, o que essencialmente significa ofertas de qualidade e com bons descontos. Além disso, ter à sua disposição um site interativo e fácil de utilizar que facilite o seu processo de compra e, se eventualmente alguma dúvida surgir, ter a disponibilidade de alguém para solucioná-la de forma ágil e eficaz por telefone ou e-mail. Como veremos logo adiante, não é difícil a montagem de uma boa estrutura de atendimento, na medida em que a maior parte do processo é eletrônica, mas a questão das boas ofertas não é algo tão simples, principalmente pelo fato de que isso não depende somente do empreendedor, mas dos comerciantes que irão ofertar e entregar o produto ao comprador do cupom. É importante termos em mente que o sucesso

---

14 Conceito adaptado de Phillip Kotler
15 Sobre modelos de negócios, visite a página http://www.e-commerce.org.br/modelo_de_negocio.php

do negócio depende do interesse do comprador em adquirir o cupom e isso deve ser sempre considerado no momento de negociar as condições de oferta com o comerciante. Negocie não somente em seu nome, mas também em nome do comprador, pois, se ele receber valor, vai continuar atento às boas ofertas do site e voltará a comprá-las e divulgá-las. O comerciante deve ser convencido a fazer uma oferta realmente atrativa e, mais do que isso, entregar um bom produto de forma a também atingir o seu objetivo principal, que, como vimos, é o retorno do cliente ao estabelecimento.

➲ **O cliente comerciante.** O que os comerciantes desejam é ter retorno positivo de sua campanha e, se possível, maximizar esse retorno. Diante disso, o papel do empreendedor é entender a realidade do comerciante e, usando o seu conhecimento de mercado, desenvolver uma oferta que efetivamente lhe traga o retorno esperado. Isso vai depender de vários fatores, entre eles: montar uma oferta mais adequada considerando as condições específicas do negócio; preparar uma boa peça de divulgação que mostre com clareza os benefícios da aquisição da oferta; divulgar com competência a oferta, buscando aqueles compradores com potencial interesse no produto que está sendo divulgado e comercializando uma grande quantidade de cupons. O comerciante precisa efetivamente de um parceiro com conhecimento nessa estratégia de divulgação que o auxilie em todas as etapas até que o objetivo seja atingido. Se isso ocorrer, ele voltará para realizar novas campanhas e também será um grande propagador positivo da empresa.

Estrutura necessária para o empreendimento

Estrutura de pessoal

Conforme acabamos de ver, um site de compra coletiva tem duas clientelas a serem atendidas: os compradores de cupons e os comerciantes parceiros. O atendimento aos compradores é realizado majoritariamente pela Internet e ocasionalmente também por meio de telefone. Para isso, o site deve contar com uma pequena e ágil equipe técnica, responsável pela atualização do site e pelo suporte ao cliente. Já no caso do atendimento aos comerciantes, trata-se de uma equipe de vendedores qualificados não somente para vender, mas para orientar o cliente sobre a melhor forma de organizar uma campanha que traga benefícios para ambos. Esses profissionais devem conhecer a fundo o negócio da compra coletiva, o que normalmente exige um bom treinamento.

Naturalmente, todos os profissionais de um site de compra coletiva estarão sob a direção de um gerente com bons conhecimentos de e-commerce, negociação e gestão de pessoas. O gestor deve ser altamente capacitado nas áreas que envolvem um site de compra coletiva, como o marketing digital e a equipe de vendedores que irá trazer as ofertas para publicação no site. O desafio é duplo: atender muito bem os compradores e também os comerciantes anunciantes. Assim como em outros negócios, o planejamento é fundamental para dar um norte ao empreendimento e para que toda a equipe saiba para onde deve caminhar.

Estrutura tecnológica

Embora o correto funcionamento do site seja de importância crucial para o empreendimento, a aquisição de uma solução de compra coletiva não representa um custo elevado em relação ao projeto como um todo. Aliás, o baixo custo do site é uma das razões para a expressiva quantidade de empresas atuantes no mercado. É possível encontrar boas soluções a partir de algo entre 5 e 15 mil reais. Existem também scripts semelhantes aos sites mais conhecidos, chamados clones, ofertados por valores até abaixo de R$ 100, mas estes não são recomendados por envolverem riscos. Um deles é a dificuldade de upgrade por quem não executou o projeto desde o início. Ao pesquisar no mercado, é conveniente verificar a origem do software, se foi desenvolvido totalmente pela empresa ou construído a partir de script já pronto. Outra informação fundamental é: quantos e quais são os sites de compra coletiva que já estão operando com a solução. O fato de haver muitas empresas utilizando a solução é um fator positivo. Um contato com algum proprietário de site já operando poderá fornecer um bom subsídio de avaliação. A questão da segurança também é relevante. A solução deve oferecer um alto nível de segurança, particularmente nas transações financeiras. A maior parte dos sites de compra coletiva utiliza integradores de meios de pagamento como PagSeguro e Pagamento Digital, que oferecem todas as alternativas de pagamento disponíveis no mercado e cobram uma taxa ao redor de 6,5% das transações realizadas, já incluída na taxa os valores devidos às operadoras de cartões.

Veremos agora as principais funções que um bom software de compra coletiva deve disponibilizar. As funcionalidades listadas a seguir foram encontradas na solução da empresa Agência Flexer[16], uma das pioneiras em soluções de compra coletiva no Brasil.

Principais funcionalidades da solução de compra coletiva

➲ **Cadastro de usuários para receber a oferta do dia, campos padrão: e-mail e cidade.** Nesta opção, o usuário interessado em receber a newsletter (boletim informativo) do site via e-mail irá se cadastrar informando sua cidade e seu e-mail. Assim, ele será informado sobre novas ofertas disponíveis na cidade de interesse do usuário.

➲ **Cadastro de usuários no site, campos padrão: Nome, e-mail, senha, repetir senha e cidade.** Após preencher corretamente estes campos no formulário de cadastro, o usuário já estará apto para comprar os produtos e serviços anunciados no site.

➲ **Oferta do dia.** A Oferta do Dia, como geralmente é chamada, é a oferta em destaque na página inicial do site. Sites que atendem mais de uma cidade têm uma oferta do dia em cada cidade cadastrada.

➲ **Ilimitadas ofertas na lateral.** Chamadas de "Ofertas Bônus" ou "Ofertas Extras", esta categoria de anúncio pode ser ilimitada, variando de acordo com o layout do site, e geralmente é composta por ofertas que não atingiram o número máximo de vendas quando estiveram publicadas como destaque na página inicial.

➲ **Oferta Nacional.** Quando a oferta é válida para todo o país. Normalmente é assim definida quando o produto anun-

---

16 Empresa fornecedora de solução de compra coletiva. http://www.flexer.com.br/

ciado pode ser usufruído por usuários de qualquer localidade. Um exemplo comum são as ofertas de viagens.

‡ **Relógio Regressivo.** Diretamente associado às ofertas postadas, o relógio regressivo é o aplicativo que informa ao usuário por quanto tempo a oferta estará disponível para compra. Este tempo é definido livremente pelo administrador do site e pelo anunciante, podendo sofrer alterações de acordo com a movimentação da oferta.

‡ **Ativação de compra.** Nesta opção o administrador define a quantidade mínima de vendas necessárias para que a oferta esteja ativa.

‡ **Comprar oferta / Comprar oferta para um amigo.** Com essa funcionalidade, além de poder aproveitar as ofertas para si, o usuário pode comprar e presentear um amigo.

‡ **Compartilhar oferta no Facebook, Twitter, Orkut e E-mail.** Com a ascensão das redes sociais e a interação cada vez mais frequente de seus aplicativos em diversos sites, o usuário que se interessar por determinada oferta poderá compartilhá-la com seus amigos através de suas redes sem precisar sair do site de compra coletiva. É uma funcionalidade muito útil na divulgação.

‡ **Integração com Plugin Curtir do Facebook.** Na mesma linha do item anterior, este aplicativo permite ao usuário a opção de "Curtir" a página do site no Facebook.

‡ **Listar cidades disponíveis.** Esta opção mostra ao usuário todas as cidades atendidas pelo site de compra coletiva.

‡ **Integração com PagSeguro, Pagamento Digital ou Mercado Pago.** A integração destes serviços junto ao site permite que os usuários tenham mais opções na hora do pagamento, oferecendo maior facilidade e segurança ao comprador.

◑ **Formulário de contato.** Este formulário permite o contato direto entre o usuário e o atendimento do site, que receberá as dúvidas dos usuários através do e-mail registrado.

◑ **Formulário Seja Parceiro.** Permite que anunciantes interessados em veicular ofertas no site entrem em contato com a administração.

◑ **Indicação de cidade.** Nesta opção o usuário poderá indicar uma cidade na qual deseja que o site disponibilize ofertas.

Painel Administrativo – funções

◑ Cadastrar empresas (com mapa integrado e logotipo da empresa).

◑ Administrar oferta máxima de compra por usuário; cadastrar regulamento, sobre a oferta, descrição e localização, bem como sobre a empresa anunciante.

◑ Cadastrar até 6 fotos por oferta (com slide já integrado).

◑ Opção para colocar em ofertas recentes ou não.

◑ Cadastrar vídeo (integrado com o YouTube).

◑ Adicionar créditos/bônus para um usuário.

◑ Selecionar forma de pagamento (PagSeguro, Pagamento Digital ou Mercado Pago).

◑ Exportar e-mails para envio da newsletter (deverá ser feita por uma empresa terceirizada).

◑ Exportar compradores da oferta (nome, e-mail e código do voucher). Enviar e-mail para os compradores com o código do voucher.

◑ Listar status dos pagamentos direto no sistema.

◑ Programar pop-up de cadastro para aparecer, caso o usuário ainda não seja cadastrado no site.

◑ Configurar mensagens enviadas pelo sistema.

➲ Gerenciamento de banners.

➲ XML dos principais agregadores como Vale Junto e Aponta Ofertas.

➲ Ver a oferta antes de publicar.

➲ Configurar valor do bônus por indicação.

➲ Adicionar/Editar/Remover administradores para o sistema.

➲ Exportar HTML e usuários da newsletter.

➲ Agendar oferta bônus.

➲ Ver Faturas / Pendentes / Confirmadas / Canceladas (com opção para cancelamento e aprovação manual também).

Painel do parceiro – funções

➲ **Listar ofertas com o status do pagamento em tempo real.** O parceiro poderá acompanhar em tempo real, através de uma lista, o status do pagamento de cada compra efetuada em sua oferta.

➲ **Dar baixa em cupom/voucher.** O parceiro dará baixa online nos cupons/vouchers dos compradores que já retiraram o seu produto ou serviço.

➲ **Exportar cupom/voucher para uma lista.** O anunciante pode exportar a lista com os dados e os códigos do vouchers de todas as pessoas que compraram sua oferta.

➲ **Atualizar seus dados.** O parceiro que desejar poderá alterar seus dados no sistema do site.

Características de um site eficaz

O site tem uma importância fundamental no e-commerce, afinal é nele que as transações vão acontecer. Um site de compra coletiva, embora seja mais simples do que uma loja virtual, também oferece um sistema de compras com o qual o usuário pode interagir e concretizar uma transação comercial e tem opções de ofertas que, espera-se, sejam adquiridas pelos clientes. Mas o que seria um bom site de compra coletiva? Partindo da premissa de que o usuário tenha interesse em comprar, uma vez que clicou em algum link com a oferta e o preço normalmente esteja muito bom em razão do desconto, o fato dele realizar ou não a compra vai depender exclusivamente da qualidade do site em convencê-lo a realizar a transação, portanto, um site eficaz no caso da compra coletiva é aquele que leva o usuário a comprar o cupom. Vamos conferir algumas das características principais de uma loja eficaz, extraídas do e-book "Lojas Virtuais: como vender com sucesso na Internet"[17] e que são apresentadas aqui de forma resumida.

⮕   **Texto claro e objetivo.** Empresas de compras coletivas não possuem vendedores de cupons. Quem vai realizar a venda e passar as informações relevantes é o próprio site, por meio de texto. Por isso, é fundamental que a descrição das ofertas e do processo de compra seja clara e objetiva. As informações devem aparecer no formato de tópicos, e não de texto corrido, pois isso facilitará a leitura e a compreensão. Como normalmente as descrições são curtas, as imagens que acompanham o texto devem ter uma boa resolução, ser convidativas e reforçar na mente do usuário a conveniência e a oportunidade da compra.

⮕   **Site que transmite confiabilidade.** O fato de seu visitante gostar da oferta e considerar o preço vantajoso é necessário para a realização da compra, porém não é garantia de que ela seja concretizada, pois, muitas vezes, o usuário não

---

17 Felipini, Dailton e-book Lojas Virtuais – Como vender na Internet : www. le-books.com.br

se sente suficientemente seguro para realizar a transação. Isso é particularmente válido para usuários que estão comprando pela primeira vez no site. O objetivo deve ser o de criar um ambiente de compras que transmita confiabilidade, e isso pode ser feito por meio de fornecimento de informações de forma clara e honesta; exposição de comentários de usuários, orientação com relação às medidas de segurança adotadas, uma seção de apoio ao usuário e esclarecimento rápido de dúvidas; entre outras medidas que darão ao potencial comprador a confiança necessária para adquirir o cupom.

➲ **Site que ajude o visitante a romper a inércia**. Assim como ocorre nas compras tradicionais, o cliente muitas vezes fica indeciso no momento de concretizar a transação, mesmo que ele esteja confiante com relação a todos os aspectos tratados anteriormente. A indecisão é comum no comprador online e, geralmente, existe uma propensão a adiar a compra. No caso das ofertas, que normalmente têm curta duração, essa indecisão fatalmente levará à não realização da compra. O texto deve ser vendedor e enfatizar a oportunidade "única" de se realizar a aquisição do produto naquele exato momento.

➲ **Adotar uma abordagem amigável**. A boa comunicação e a realização de transações bem-sucedidas irão construir uma relação de confiança e credibilidade entre os assinantes e a empresa. No site e no e-mail de ofertas, utilize uma abordagem amiga, que transmita ao leitor a sensação de estar conversando com alguém que preza de verdade o seu bem-estar e que deseja que isso aconteça. A única forma de passar essa impressão é realmente senti-la. Na comunicação utilizada no site e nos e--mails tenha sempre em mente os possíveis benefícios que as ofertas podem trazer para cada cliente: diversão, saúde, cultura, beleza, a viagem dos sonhos... um site de compra coletiva vencedor vai trazer todos esses benefícios e deve transmitir isso com todas as letras aos seus usuários.

➲ **Página de entrada que dê continuidade ao anúncio.** Trazer o visitante até o site é objetivo do e-mail, pois, embora ele contenha informações sobre a oferta, é no site que o usuário vai ser realmente convencido sobre a qualidade do produto ofertado e terá a oportunidade de realizar a compra. Por esse motivo, é fundamental que o site e, principalmente, a página de entrada sejam uma continuidade do e-mail e tenham a mesma identidade visual e de conteúdo. Isso implica manter o diálogo com o leitor, utilizando a mesma abordagem, logotipo, títulos, visual, entre outros. Se o usuário clicou no anúncio estimulado pela perspectiva de poder oferecer um jantar romântico para a namorada, a página de recepção deve ter como título algo semelhante e seguir em frente na mesma linha, reforçando os desejos despertados pelo e-mail de ofertas, aprofundando argumentos de vendas e oferecendo mais justificativas para a compra. Outros atributos que devem ser considerados: detalhar a oferta eliminando possíveis barreiras; oferecer links para mais informações via e-mail, página ou telefone; oferecer a opção de esclarecimento de dúvidas por meio de um link "Fale conosco" e, finalmente, garantir que todos os poucos caminhos na página levem ao botão "comprar".

Como expandir o cadastro de usuários

O cadastro de novos usuários é tão importante que os sites de compra coletiva posicionam o formulário logo na primeira página tomando o cuidado de deixar um link para ir direto às ofertas. Além desse, outros formulários podem ser colocados nas páginas mais visitadas. Se possível, utilize o canto superior direito, que é uma região bem visível da página. O formulário pop-up é aquele que se sobrepõe ao texto e é utilizado por algumas empresas, mas não é o mais aconselhado porque é mais invasivo do que o formulário comum, o que pode incomodar o usuário.

➲ **Enfatize o benefício de se cadastrar.** Junto ao formulário de cadastramento, explicite a vantagem de se cadastrar, como a possibilidade de ganhar descontos, de receber as novidades em primeira mão e conseguir ofertas únicas e de grande valor.

➲ **Utilize o "Envie para um amigo".** Coloque no corpo do e-mail e na própria página de oferta um link para encaminhamento do texto a amigos e conhecidos. É importante citar o nome do usuário que indicou quando contatar a pessoa que vai receber a e-mail com a oferta. Como vimos, a base de dados de clientes para os quais são direcionadas as ofertas é o seu bem mais precioso. Para aumentar a base, uma das estratégias é o oferecimento de prêmios àqueles que indicarem novos clientes, sendo que o prêmio mais comum é um bônus financeiro que poderá ser utilizado na compra de ofertas. O valor desse bônus varia entre os sites, mas gira em torno de dez reais por indicação que resulte em compra, sendo que esse valor é pago em créditos que poderão ser utilizados nas compras. Exemplos de sites que utilizam o sistema com o respectivo valor do bônus oferecido: GroupOn (R$ 12,00); Peixe Urbano (R$ 10,00); ClickOn (R$ 12,00). O site Oferta Única tem um interessante sistema de comissão por venda onde o usuário recebe 3% sobre as compras realizadas pela pessoa que ele indicou.

Principais estratégias de divulgação

Um fator determinante para o grande sucesso da compra coletiva é a possibilidade de divulgar as ofertas num período recorde de tempo chegando até milhões de pessoas. Isso é comercialmente viável graças à Internet, que oferece agilidade, facilidade e, quando escolhido o veículo criteriosamente, um menor custo de divulgação. Naturalmente, a priorização da Internet não impede a utilização de canais de divulgação off-line, mas a sua grande vantagem, além da agilidade no acesso ao cliente, é a possibilidade de resposta imediata. Em um setor no qual a maior parte das campanhas se encerra em questão de horas e a compra por impulso é um componente fundamental, a Internet com certeza deve ser o canal de divulgação prioritário. As principais estratégias são aquelas utilizadas comumente no e-commerce e veremos a seguir um resumo de cada uma delas. Se você deseja se aprofundar no assunto web marketing e e-commerce de maneira geral, o site eCommerceOrg[18] é uma excelente fonte de conteúdo.

E-mail marketing

O principal meio de divulgação dos sites de compra coletiva é o e-mail enviado diretamente à base de clientes cadastrados, que, no caso dos líderes, ultrapassa facilmente a quantia de um milhão de usuários. Por essa razão, vamos analisar essa estratégia com especial atenção, utilizando como base o e-book "e--Mail Marketing Eficaz"[19] .

---

18   Site sobre e-commerce www.e-commerce.org.br
19   Felipini, Dailton. e-book eMail Marketing Eficaz. em www.lebooks.com.br

O conteúdo do e-mail

Conteúdo é tudo aquilo que você irá fornecer ao seu cliente em termos de informação, e o sucesso do e-mail está diretamente ligado à qualidade desse conteúdo. As dicas são as seguintes:

⮎ Procure identificar o nome do usuário no início do e--mail de ofertas. Também procure falar diretamente com o leitor como se o e-mail de ofertas fosse uma amigável "prosa" entre profissionais com o mesmo interesse. O objetivo é deixar a comunicação em um nível mais pessoal e humano, o que gera confiança.

⮎ Nunca deixe de colocar em local bem visível um link no qual o usuário poderá cancelar o recebimento de e-mails no momento em que desejar. Trata-se de respeito ao leitor e deve estar bem visível no texto do e-mail.

⮎ O internauta-padrão é um sujeito tremendamente apressado e que não tem muito tempo para leitura. Por essa razão, o e-mail de ofertas não deve ser longo, pelo contrário, deve ser composto de parágrafos curtos e objetivos que remetam o usuário para as páginas do site, onde ele poderá fazer a leitura completa e realizar a ação de comprar. O e-mail de ofertas é uma espécie de aperitivo para o leitor e deve aguçar o seu interesse.

⮎ Embora o conteúdo seja fundamental, a embalagem também ajuda a criar uma impressão positiva de qualquer produto, e com o e-mail de ofertas isso não é diferente. Procure colocar um visual bonito, mas sem excesso de grafismos e texto que dificulte a leitura. Adote um padrão de texto e o utilize sempre, sem colocar fontes e tamanhos diferentes na página.

⮑ Esteja consciente de que o seu e-mail de ofertas não será o único na caixa postal do usuário e, se for, não será por muito tempo. Faça o possível para se diferenciar dos concorrentes publicando um e-mail único e altamente informativo. Seja confiante e otimista com relação às ofertas.

⮑ Análise o que os concorrentes têm enviado. Estude os e-mails dos concorrentes não para copiar, mas para ter um parâmetro de qualidade e fazer algo ainda melhor do que o disponível.

⮑ Não deixe de acompanhar o progresso dos e-mails de ofertas regularmente. Isso pode ser feito por meio de feedbacks dos leitores e utilizando métricas de desempenho fornecidas pelo software, tais como: quantidade de envios, recebimentos, cliques, quantas pessoas assinaram no período e quantas saíram, entre inúmeras outras.

⮑ O boletim de ofertas não vai conseguir a credibilidade desejada apresentando erros de português. Por outro lado, como o processo de envio é acelerado nesse setor, a possibilidade de erros aumenta, com a agravante de que basta um pequeno descuido para que o erro seja enviado e lido por centenas de milhares de pessoas. Vale a pena ter um profissional com a exclusiva função de revisar todos os textos publicados.

Como aumentar o índice de abertura do e-mail

Todo o esforço em escrever um bom e-mail de ofertas será em vão se o destinatário não o abrir. Os estudos indicam que a leitura do cabeçalho, composto de remetente, assunto e título são determinantes para a abertura do e-mail. As recomendações para utilizar bem esses itens e aumentar as chances de leitura são as seguintes:

➲ **No campo remetente.** Coloque o mesmo nome fornecido pelo usuário por ocasião do cadastramento. O leitor precisa saber quem está enviando a comunicação. Se ele não tiver certeza de que o e-mail provém de uma fonte conhecida e confiável, muito provavelmente irá deletá-lo sem hesitação, ou até indicá-lo ao provedor de acesso como spam. Além disso, a marca do site deve aparecer em local de boa visibilidade no e-mail.

➲ **No campo destinatário.** Coloque o nome de seu assinante e não nomes ocultos como "diversos", "lista", "undisclosed recipient", que na maioria dos casos indicam spam. A ausência do nome do destinatário, além de diminuir o percentual de leitura do e-mail, é um estímulo aos filtros antisspam para bloquearem seu e-mail.

➲ **No campo assunto.** É aqui que o leitor decidirá se deseja prosseguir, ou não, com a leitura do e-mail. Repita o nome da empresa para reforçar o reconhecimento da marca. Coloque um breve resumo do conteúdo de forma a atrair o leitor. Porém, cuidado! Dependendo do servidor de e-mails do destinatário, seu texto poderá aparecer truncado. O Hotmail, por exemplo, mostra apenas 45 espaços no campo assunto. Embora pareçam detalhes, as pesquisas indicam que alterações como as apresentadas podem aumentar em vários pontos percentuais o índice de leitura do e-mail. Agora imagine um acréscimo de apenas 5% no índice de leitura de um e-mail de ofertas enviado para 500.000 pessoas! Isso representará nada menos do que 25.000 leitores adicionais.

Identificação do público-alvo mais adequado para a oferta

Este é um fator de fundamental importância, pois mesmo sabendo-se que existe demanda para um determinado produto, é interessante saber qual o perfil do comprador daquele produto. As pessoas são diferentes e elas precisam ser abordadas diferentemente. Quando se identifica com precisão o público-alvo fica mais fácil oferecer o produto que atenda as necessidades daquele público específico. O próprio conteúdo do e-mail e da página deve ser elaborado considerando-se o perfil do público para o produto em questão. Essa preocupação se aplica a todas as estratégias mercadológicas, mas principalmente ao e-mail marketing, tendo em vista que é muito fácil filtrar a base de dados à procura dos compradores com perfil indicado para cada oferta. Alguns possíveis dados para serem utilizados na avaliação são: perfil de renda, sexo, idade, histórico de compras, entre outros. A eficiência na realização deste trabalho poderá ser um fator crítico importante para o sucesso do empreendimento.

Mídias sociais

Mídias sociais são ambientes virtuais que reproduzem um ambiente natural de contato entre pessoas. São exemplos o Orkut, o Twitter, o Facebook, dentre inúmeros outros. As redes sociais representam a frente de batalha mais recente do e-commerce – afinal de contas, se existe uma comunidade de pessoas interligadas e com determinados objetivos em comum, e essa comunidade tem algum tipo de ligação com o conteúdo de nosso site, por que não dizer aos seus membros que ele existe? Mas atenção, o marketing nas redes sociais deve ser sutil, quase imperceptível, pois qualquer comunicação excessivamente comercial será duramente repelida pelos membros da comunidade. Além disso, antes de propagar qualquer informação deve-se estabelecer algum tipo de relacionamento para que a mensagem seja ouvida, e isso é algo que demanda algum tempo para ser realizado. A chave para o sucesso nas redes sociais implica em participar de forma efetiva daquela comunidade oferecendo algo de valor, como informação e conhecimento útil, até o momento em que surja o contexto adequado para que uma mensagem comercial possa ser colocada de forma natural. Redes sociais são utilizadas por pessoas que partilham interesses comuns e que têm o que oferecer, e isso é um prato cheio para a divulgação das ofertas dos sites de compra coletiva. Mesmo que não haja a venda direta da oferta, a marca estará exposta ao público numa divulgação favorável. Os grandes sites têm explorado essas mídias, mas essa estratégia é igualmente importante para os pequenos.

Programa de afiliados

O conceito é bem simples: o site que enviar um visitante que realize uma compra recebe uma comissão sobre o valor da venda. Esse tipo de programa de parceria ainda não é tão disseminado no Brasil, mas é uma importante fonte de visitação para o site. O sistema de gerenciamento faz o controle de cada compra, identifica o site que indicou o visitante, lança o valor de comissão a ser paga, entre inúmeras outras funções. Com um maior acesso a essa tecnologia por parte de lojas virtuais menores e com o pagamento de melhores comissões, esse meio de geração de tráfego tende a florescer e a se tornar uma importante fonte de divulgação para o e-commerce de maneira geral. Essa é uma ferramenta de divulgação muito interessante para os sites de compra coletiva pelo seu alcance e, principalmente, porque é relativamente barata em relação a outros tipos de campanha na Internet, como é o caso dos anúncios em

Links Patrocinados, sem contar o fato de que o gasto só ocorre após a receita, ou seja, só vai haver saída de caixa decorrente de uma comissão no final do mês, posteriormente à entrada de caixa decorrente da venda realizada. Outra característica positiva nos programas de afiliados é que as campanhas atingem pequenos sites e nichos normalmente não explorados pela publicidade. Até o presente momento, dos grandes sites, somente o GroupOn utiliza essa ferramenta de web marketing. Para um aprofundamento no assunto você pode utilizar o ebook: Programas de Afiliados[20].

Presença nos sites de busca – SEO

Cada vez mais as pessoas se utilizam da Internet para buscar informações sobre tudo, inclusive produtos. E elas buscam essa informação utilizando sites de busca, particularmente o Google, que detém 90% do mercado. Existem inúmeras vantagens em aparecer na busca orgânica (gratuita) do Google. A primeira é que se trata de uma estratégia de baixo custo, uma vez que os visitantes são enviados gratuitamente pelo sistema; a segunda é que a taxa de cliques nessa busca é bem maior do que aquela em anúncios pagos e, finalmente, a terceira é que os usuários direcionados ao site têm maior chance de serem convertidos em clientes em razão de estarem em busca de algo relacionado à palavra-chave digitada. Um usuário que digita a palavra "compra coletiva" no Google com certeza tem algum interesse nesse tipo de negócio e muito possivelmente poderá se tornar um novo cliente. Aparentemente, os sites de compra coletiva ainda não deram a devida atenção a essa fundamental ferramenta de divulgação. Uma busca no Google pelas pala-

---

20 Felipini, Dailton. e-book Programa de afiliados. www.lebooks.com.br

vras-chave "compra coletiva" e "sites de compra coletiva" não apresentou nenhum deles entre as vinte primeiras ocorrências. O melhor colocado é o GroupOn, na 30ª posição. Talvez um possível desinteresse em relação ao posicionamento seja o fato de que as ofertas têm uma duração muito curta, o que dificulta a indexação e o rankeamento dessas páginas a tempo de captar clientes. Uma busca no Google utilizando a palavra-chave "50% desconto oferta" trouxe as dez ocorrências da primeira página com ofertas de sites de busca, das quais duas ainda estavam ativas. Isso mostra que é possível trazer clientes diretamente para páginas de oferta, mas para isso é conveniente que elas tenham uma validade maior que 24 horas, algo mais fácil para o pequeno empreendedor que para o grande, que lança uma maior quantidade de ofertas. Além disso, mesmo as ofertas indexadas que já estiverem encerradas são importantes, na medida em que trarão visitantes que poderão conhecer o site e outras ofertas que ainda estiverem válidas. Deve-se também dar atenção especial às páginas do site não alteradas com frequência, como a página institucional, a página sobre o funcionamento do sistema, ofertas antigas, entre outras, pois cada uma delas é uma possível porta de acesso para novos usuários. A conclusão é que o Google é importante demais para não ser considerado na estratégia de web marketing de qualquer empresa. Uma abordagem mais aprofundada sobre otimização de sites fugiria do objetivo deste livro, mas para entender a lógica de funcionamento dos sites de busca, você pode ler o best seller: Google Top 10[21], que faz parte da coleção E-Commerce Melhores Práticas, publicada pela editora Brasport.

---

21 Sobre o livro Google Top 10 http://www.e-commerce.org.br/google-top-10.php

Anúncios na Internet

Durante algum tempo o mercado de propaganda online passou por um período de acomodação, com índices de retorno insatisfatórios, causados principalmente pelo custo elevado dos tradicionais banners cobrados por exposição da página no sistema C.P.M. (Custo por Mil Exposições). Atualmente, utiliza-se majoritariamente o sistema de anúncios chamado PPC (Pay Per Click), no qual o anunciante paga apenas pela exposição dos anúncios que resultaram em clique, ou seja, paga por cliques realizados, e não por quantidade de exposições do anúncio. Esse sistema é muito mais inteligente que o anterior e é uma boa forma de divulgar produtos de maneira totalmente controlável pelo administrador e a um custo aceitável. O importante para quem anuncia é não perder de vista a relação custo/benefício, ou seja: a receita efetivamente auferida em relação ao custo da campanha, uma vez que a Internet está sendo cada vez mais valorizada como meio de divulgação e o seu espaço está cada vez mais caro. É interessante também considerar que existe um benefício adicional à geração de tráfego, que é a divulgação da marca. Os anúncios PPC têm esse efeito na medida em que, para cada pessoa que clicou, provavelmente outras 99 pessoas viram a comunicação e o nome da empresa. Os sites de compra coletiva exploram bastante a utilização de anúncios PPC e os grandes players levam alguma vantagem, na medida em que conseguem melhores condições decorrentes do grande volume de anúncios. Uma boa estratégia para o pequeno é a realização de uma campanha mais focada em sites específicos. O AdWords, sistema de publicidade online do Google, possibilita, além da exposição dos anúncios nas laterais dos resultados de busca, a divulgação em sites parceiros.

Trata-se de milhares de sites com as mais diversas características e perfis, muitos deles com boa perspectiva de retorno para as ofertas. Como a ferramenta de gerenciamento possibilita a filtragem dos sites, o anunciante pode escolher aqueles que apresentam melhor retorno sobre o investimento. Veja exemplo de anúncio do site GroupOn no portal eCommerceOrg[22].

Fonte: http://www.e-commerce.org.br/compra-coletiva.php.

Estratégias offline

Embora a Internet seja o melhor canal de divulgação para empresas que utilizam o e-commerce, um site de compra coletiva não deve descartar qualquer ação fora da Internet que possa gerar uma boa divulgação, desde que esta ofereça uma relação custo-benefício favorável. As opções são infindáveis:

22 Portal eCommerceOrg www.e-commerce.org.br

mídias de grande alcance, como rádio e televisão; eventos e veículos de comunicação que ofereçam alguma relação de afinidade com o tema, como: feiras, revistas temáticas, espaços para adeptos de hobbies e colecionadores e assim por diante. Os sites de compra coletiva têm aparecido nas mais diversas mídias, sendo que alguns dos grandes players têm aparecido inclusive na TV, o que normalmente é inviável para o pequeno. A ideia geral é: desde que uma avaliação custo-benefício indique a perspectiva de retorno favorável, então o esforço promocional naquela mídia é interessante. Uma campanha realizada confirmará se vale a pena continuar ou não com o investimento no veículo em questão.

Fatores determinantes na venda de cupons

Assim como ocorre em qualquer empresa, o sucesso está relacionado diretamente ao faturamento. E faturamento, no caso da compra coletiva, depende essencialmente do volume de vendas de cupons. Vimos no tópico anterior quais são as principais estratégias de divulgação utilizadas para gerar visitação nos sites, agora vamos ver alguns dos fatores que podem determinar a quantidade de cupons vendidos ou, de forma mais precisa, os fatores que podem aumentar a taxa de conversão das campanhas.

⮑ **Demanda pelo produto em oferta.** Vimos anteriormente que os sites de compra coletiva se concentram em alguns produtos que teoricamente têm maior demanda, mas que a tendência é a ampliação para outros produtos, em decorrência da maior competição e da necessidade de ampliar o mercado. Um dos desafios do empreendedor é encontrar novos produtos que tenham alta demanda e sejam viáveis para o setor.

➲ **Facilidade de acesso ao local da entrega do produto.** Embora seja de difícil mensuração, é certo que a facilidade de acesso ao local é um fator que pode influenciar na decisão de compra, principalmente nos grandes centros. Isso ocorre em razão do custo de deslocamento, que inclui o tempo perdido no trânsito e a dificuldade de localização e de acesso ao local. Tomando a cidade de São Paulo como exemplo, uma visita a um restaurante em um bairro distante pode significar para o comprador uma viagem de 50 km pela cidade. Para quem passa boa parte do tempo dentro de um automóvel, trata-se de um custo altíssimo. Provavelmente um estudo sobre o bairro de origem do comprador e o local onde o produto será consumido mostraria uma boa correlação. Supondo que determinado comerciante já tenha feito uma boa análise do público na região antes de se instalar, este teria uma boa vantagem nesse quesito, uma vez que o seu público-alvo já se encontra nas proximidades. Por parte do site de compra coletiva, o que pode ser feito é uma seleção do público-alvo residente na região próxima ao estabelecimento, o que é possível baseado no CEP fornecido pelo usuário no momento do cadastro.

➲ **Perfil populacional.** No caso de bairros e principalmente nas cidades, é de se esperar que características demográficas da população afetem as vendas. A renda é um desses fatores: uma cidade operária de baixa renda per capita provavelmente consumirá majoritariamente produtos de menor valor. Além de determinar as características dos produtos consumidos, o perfil populacional afetará diretamente o desempenho das vendas em razão do poder de compra da população em questão. A quantidade de lares com acesso à Internet também determinará o fator.

⊃ **Disponibilidade de ofertas semelhantes**. O fato de o usuário ser exposto a ofertas de produtos semelhantes pode influenciar negativamente na venda e isso ocorre com relativa frequência, inclusive no mesmo e-mail de ofertas. Quando isso ocorre é provável que parte do público que teria interesse em uma oferta única migre para a oferta alternativa. Para o comerciante, isso representará uma perda nas vendas e, para o empreendedor, embora também receba as vendas da oferta alternativa, parece mais lógico não oferecer produtos concorrentes e deixar uma das ofertas para outro dia. Não devemos esquecer que o sucesso do empreendedor também passa pelo sucesso do comerciante, afinal ele é o cliente do site de compra coletiva.

Fatores limitadores nas ofertas

A rigor, a melhor oferta seria aquela que não tivesse absolutamente nenhuma limitação e o comprador pudesse utilizar imediatamente e incondicionalmente, mas na maioria das situações isso não é possível, pois o comerciante precisa adequar a oferta a sua realidade. As seguintes situações são encontradas comumente nas ofertas:

⊃ **Desconto simples em um produto**. Comprador adquire um produto individualmente.

⊃ **Desconto simples em um produto para duas pessoas**. Situação muito comum no caso de restaurantes ou outros serviços nos quais as pessoas costumam estar acompanhadas.

⊃ **Desconto com a condição de levar um acompanhante que pagará o preço cheio**. Quando não é viável para o comerciante oferecer um desconto que cubra o consumo de duas pessoas. Nessa situação, o custo do desconto oferecido será amortizado em 50%. No entanto, essa regra tende a afastar compradores.

➲ **Limite de cupons.** A situação mais comum é a possibilidade de compra de até três cupons por pessoa, que podem ser consumidos ou oferecidos a terceiros.

➲ **Limitação nas datas para utilização.** Eliminam-se datas em que o aumento no número de clientes poderia ser prejudicial, como finais de semana, férias ou feriados.

Efeito das variáveis quantitativas no resultado da campanha

Em nossa análise de duzentas ofertas, procuramos encontrar alguma correlação matemática entre o preço do produto ofertado, o preço do cupom, o desconto e o resultado final da campanha. Os índices de correlação indicam que o valor do produto e o custo do cupom influenciam mais o faturamento do que o desconto oferecido. Embora matematicamente exista uma correlação ou efeito de cada uma das variáveis em relação à quantidade vendida, ela é pequena para ser considerada individualmente. É fato que uma elevação no preço do cupom aumentará o faturamento, até por ser um dos componentes da equação que resultará no volume de vendas (preço do cupom x quantidade vendida = faturamento). Já no caso do desconto, nota-se um efeito não linear entre o aumento do percentual e do faturamento, ou seja, o faturamento não aumenta sempre que o desconto for ampliado. Esses dados numéricos são úteis como indicadores, mas não devem ser considerados definitivos em função da pequena amostragem. Uma determinação precisa da influência dessa variável demandaria uma amostragem maior, bem como um maior rigor científico. Por outro lado, a análise das ofertas permite a realização de inferências muito úteis sobre o comportamento de variáveis fundamentais do sistema de compra coletiva, conforme veremos a seguir.

Dimensão do desconto

Nossa análise indica que o desconto médio oferecido é de 61%, com valor mínimo de 13% e máximo de 97%. De maneira intuitiva, poderíamos dizer que quanto maior é o desconto, mais atrativa se torna a oferta para o comprador, o que aumentaria a venda de cupons, mas a análise das ofertas mostra que isso é apenas parcialmente verdadeiro. A tabela a seguir foi construída agrupando-se as ofertas por faixa de desconto e associando-se à média de cupons vendidos em cada faixa.

Faixas de desconto (%)	Quantidadede ofertas	Média de cupons vendidos
10-29	5	1062
30-39	3	1608
40-49	1	-
50-59	84	2126
60-69	54	1569
70-79	29	1080
80-89	17	1429
90-100	4	2170

Pode-se observar que a venda média de cupons aumenta a partir da faixa menor de descontos e atinge o valor máximo na faixa entre 50% e 59%. A partir daí apresenta uma queda gradativa e volta a subir somente na faixa máxima de descontos acima de 90%. É compreensível que os descontos se concentrem nesse patamar até por razões psicológicas, afinal, comprar um produto pela metade do preço normal tem um forte apelo de boa oportunidade a ser aproveitada. Uma possível explicação para que as vendas não continuem aumentando nas faixas seguintes é o fato de que um produto oferecido com mais de 60% de desconto seja visto com alguma suspeição por parte do comprador. De fato, sabe-se que descontos muito acima de 60% são difíceis de bancar em condições normais. Já no caso dos descontos acima de 90%, em boa parte das vezes o valor fica tão próximo da gratuidade que o risco de perda praticamente perde a importância. Os dados citados servem como um indicador da melhor faixa de desconto; no entanto, as características do produto e os objetivos do anunciante devem ser o critério mais importante a ser considerado nessa decisão.

Vamos ver um exemplo real de forte desconto acima de 90% e que resultou em uma campanha bem-sucedida:

> **Oferta:** Presentão de Natal: Cinema em casa nas suas férias por R$9 durante 3 meses na Locadora ... (91% OFF) (de R$103,60 por R$9).

Nesta oferta os DVDs são selecionados através do site da locadora e entregues no local indicado pelo comprador sem nenhum custo a não ser os 3,00 reais por mês, durante o período de três meses. Indiscutivelmente, trata-se uma oferta tentadora para o comprador. Um fator interessante aqui é que o valor cobrado é inferior ao custo do serviço, então claramente o que o comerciante deseja é atrair e fidelizar novos clientes para a loja. É plausível pensar que uma pessoa que tenha se utilizado de um serviço por três meses se acostume a ele e continue a utilizá-lo após o término da promoção. Uma promoção desse tipo envolve algum risco, principalmente para o site de compra coletiva, uma vez que o valor recebido por cupom é muito baixo. Caso a quantidade de cupons vendidos seja pequena, ocorrerá um prejuízo. No exemplo, não foi o que ocorreu. A promoção vendeu 23.785 cupons, o que compensou o baixo valor unitário da venda. Além disso, se a empresa conseguir reter 10% dos compradores, conseguirá mais de dois mil novos clientes.

Valor do produto ofertado e preço do cupom

No caso do produto ofertado, chegamos aos seguintes resultados: o valor médio encontrado para os produtos foi de R$ 307,00 e o maior valor encontrado em nossa amostragem foi de R$ 7.430,00. Trata-se de um cruzeiro marítimo com desconto de 50% e que vendeu 160 cupons.

Já no caso do preço pago pelo cupom, o menor preço encontrado foi de R$ 1,00 referente à assinatura de um jornal. A oferta obteve 1.165 compradores. No tópico seguinte, outros dados da pesquisa serão apresentados.

Como regra geral, o ideal para o site de compra coletiva é maximizar o faturamento, e isso é obtido com produtos que tenham um valor mais alto. No entanto, conforme vimos há pouco, a utilização de produtos de maior valor aumenta o custo para o comerciante. Partindo da premissa que o sucesso da campanha para o comerciante também é importante para o sucesso do site de compra coletiva, a definição dessas variáveis deve ser analisada criteriosamente pelos dois parceiros comerciais.

Análise de 200 ofertas de compra coletiva

A pesquisa foi realizada no primeiro trimestre de 2011. Foram colhidas 200 ofertas majoritariamente dos sites Peixe Urbano, GroupOn, Click On e Imperdível. A pesquisa não tem objetivos estatísticos, mas serve como excelente indicador de como são realizadas as ofertas no Brasil, bem como do efeito das variáveis. A relação completa das ofertas está disponível para download em planilha Excel no site eCommerceOrg.

As variáveis analisadas foram as seguintes:

SITE OFERTANTE	Nome do site de compra coletiva que realizou a oferta.
DESCRIÇÃO DA OFERTA	Descrição sintética do produto que estava sendo oferecido.
CATEGORIA	Produtos ofertados foram agrupados em categorias distintas.
QTIDADE MIN P/ ATIVAÇÃO DA OFERTA	Quantidade mínima de compradores para que a oferta seja ativada.
VALIDADE DA OFERTA EM MESES	Prazo no qual o consumidor pode utilizar a oferta.
VALOR DO PRODUTO OFERTADO	Preço normal do produto em oferta.
PREÇO CUPOM	Preço final do produto após o desconto.
DESCONTO OFERECIDO	Incentivo oferecido ao usuário para que realize a compra.
QUANTIDADE DE CUPONS VENDIDOS	Resultado da campanha, vendas realizadas.

Distribuição das categorias de produtos

As categorias foram criadas com base na nomenclatura utilizada pelos sites de compra coletiva. O objetivo é verificar quais tipos de produtos estão sendo majoritariamente ofertados e em que proporção isso ocorre. A tabela seguinte mostra a distribuição.

Distribuição por categoria		
RESTAURANTE	77	38%
SERVIÇOS DE BELEZA	43	22%
TURISMO*	24	12%
LAZER	16	8%
CONFEITARIA	9	5%
PRODUTOS DIVERSOS	9	5%
VESTUÁRIO	7	4%
FOTOGRAFIA	6	2%
DECORAÇÃO	3	1%
CURSOS	3	1%
Outros	3	2%
TOTAL	200	100%
4 principais	160	80%

(hospedagem + viagem)

Observa-se uma concentração de 80% das ofertas nas categorias: restaurante, serviços de beleza, turismo e lazer. Essa concentração é em parte consequência da novidade do setor, mas existe uma tendência de ampliação na variedade de produtos ofertados.

Dados médios das ofertas

Se fossemos criar uma única oferta, baseada na média das 200 analisadas, ela teria os números médios que são expostos na primeira coluna da tabela seguinte. Para efeito de comparação, calculamos as médias para um grupo de 10% das amostras que tiveram os melhores resultados em termos de venda de cupons. No caso dessas vinte ofertas, não consideramos a quantidade mínima para ativação da oferta e nem a sua validade, pelo fato de a quantidade de dados ser pequena para essas variáveis.

	TOTAL (200)	TOP 10 (20)
QTDADE MIN P/ ATIVAÇÃO DA OFERTA	10 pessoas	-
VALIDADE DA OFERTA EM MESES	5 meses	-
VALOR DO PRODUTO OFERTADO	274,00 R$	74,00 R$
PREÇO CUPOM	99,80 R$	19,00 R$
DESCONTO OFERECIDO	61%	59%
QUANTIDADE DE CUPONS VENDIDOS	1.692	7.675
FATURAMENTO	R$ 61.800,00	R$ 137.284,00

Note que, ao considerarmos somente 10% da amostra com as 20 ofertas que tiveram maior venda de cupons, tivemos resultados diferenciados em dois aspectos importantes: o valor médio do produto ofertado é bem menor, de 274 para 74 reais; e o preço médio do cupom também é bem menor: de 97,00 para 19,00 reais. Por outro lado, a venda média de cupons salta de 1.692 para 7.675, e esse aumento na quantidade de cupons é responsável pela faturamento médio das campanhas subir de pouco mais de 61 mil reais para mais de 137 mil reais. Esses resultados corroboram a nossa tese, citada anteriormente, de que a melhor estratégia para obtenção de resultados com campanhas de compra coletiva é a utilização de valores baixos, tanto de produtos quanto do preço de cupom. Para o comerciante isso seria válido mesmo que o faturamento não tivesse subido, pelo fato de que, como vimos, o seu retorno virá da retenção de parte dos compradores de cupons.

Valores máximos e mínimos

A tabela seguinte mostra a amplitude de variação das quatro variáveis importantes na campanha, sendo que as três primeiras delas são decisões tomadas pelos comerciantes com a participação dos sites de compra coletiva.

	MÉDIA	MÁXIMO	MÍNIMO
VALOR DO PRODUTO OFERTADO	R$ 274,00	R$ 7.430,00	R$ 4,00
PREÇO DO CUPOM	R$ 99,80	R$ 3.715,00	R$ 1,00
DESCONTO OFERECIDO	61%	97%	13%
QUANTIDADE DE CUPONS VENDIDOS	1.692	27.382	3
FATURAMENTO	R$ 61.800,00	R$ 708.066,00	R$ 585,00

Note que a variação é muito grande entre os valores máximos e mínimos. Isso tende a se acentuar à medida que uma variedade maior de produtos seja ofertada. Na amostragem, temos lado a lado um cruzeiro marítimo no valor de R$ 7.430,00 e um chocolate artesanal de R$ 4,00. Mas a dimensão dos números, por si só, não é o fator relevante. O que importa nas ofertas é o faturamento, no caso do site de compra coletiva, e a quantidade de cupons vendidos, no caso do comerciante, pois cada cupom vendido corresponde a um possível novo cliente.

As ofertas que geraram essa análise, com as fórmulas de cálculo, estão disponíveis para download na página:

www.e-commerce.org.br/compracoletiva-ofertas.php

5. O Mercado

Finalmente chegamos ao último capítulo de nosso livro, no qual vamos analisar a compra coletiva como um novo segmento de negócio e também antecipar possíveis tendências para o setor. Existem várias razões que levam ao sucesso de uma nova modelagem de negócio na Internet, mas aquelas que representam fatores críticos são a facilidade de utilização do novo serviço e a geração de benefícios reais aos compradores. Em princípio, o sistema de compra coletiva atende a essas duas necessidades. Ele é simples para o usuário na medida em que requer apenas uma inscrição no site de compra coletiva e a manifestação de interesse em algum produto que esteja em oferta. Ao mesmo tempo, possibilita a aquisição de produtos a um custo sensivelmente menor, com descontos que podem chegar até a 70% ou mais do preço normal, o que, sem dúvida, é um benefício real. O veloz crescimento no volume de cupons vendidos confirma a nossa premissa de que tanto o comprador como o comerciante adotaram a compra coletiva e que esse novo segmento do e-commerce veio para ficar. Dados da empresa Comune[23] obtidos numa amostragem que inclui cerca de duzentos sites de compra coletiva indicam que em janeiro/2011 foram vendidos

---

23 Comune http://www.comune.com.br/static/market

1,3 milhão de cupons, o que representa um faturamento de 65,7 milhões de reais no mês, ou 800 milhões de reais numa projeção anual. Um valor quase inacreditável quando consideramos que se trata de um setor que, na ocasião, não havia completado sequer um ano de existência. Para o empreendedor, o negócio da compra coletiva se mostrou uma excelente oportunidade de entrar no mercado da Internet e muitos fizeram isso com incrível velocidade. No mês em que o setor completa um ano de vida no Brasil já ultrapassamos a cifra de mil sites de compra coletiva competindo no mercado. Se, por um lado, esse número mostra o vigor do segmento, por outro, serve também como um alerta em termos de competição futura. É fato que o mercado da Internet oferece um grande potencial de crescimento, mas isso não significa que o grande volume de compradores potenciais de compra coletiva vá se distribuir entre um grande número de players. O que geralmente ocorre no mercado eletrônico, após a consolidação de um segmento, é um forte líder seguido à distância por um grupo de concorrentes também com poder de fogo, além de uma quantidade maior de pequenos que encontraram um diferencial competitivo que os permitiu atrair e manter seus clientes. Os dados coletados pelo Comune também indicam uma forte concentração no mercado, já que mais de 80% dos cupons vendidos no mês foram ofertados pelos seis maiores sites. Este quadro não deve servir de desestímulo para o pequeno empreendedor, apenas um alerta no sentido de que a competição tende a se acentuar e para se consolidar nesse segmento será preciso realmente agregar valor aos compradores de cupons e aos parceiros anunciantes, além de uma consistente estratégia de crescimento. A revista EXAME-PME[24] publicou em fevereiro

---

24 Revista Exame PME – Fevereiro de 2011 — págs 56 a 64

de 2011 uma reportagem com o faturamento de 2010 dos cinco líderes de mercado, e as receitas são impressionantes: Peixe Urbano (R$ 50 milhões); Groupon (R$ 30 milhões); ClickOn (R$ 25 milhões); Oferta Única (R$ 15 milhões); Imperdível (R$ 10 milhões). Juntas, essas empresas faturaram em seu primeiro ano de vida 130 milhões de reais, o que mostra o enorme potencial do mercado de compra coletiva no Brasil.

Variantes do modelo de negócio

À medida que o mercado se consolida, já é possível encontrar empresas no mercado dos Estados Unidos e também no Brasil trazendo diferenciais competitivos, como a especialização em nichos e variações no modelo tradicional de negócio de compra coletiva. Vamos conhecer algumas dessas diferentes modelagens.

Clubes de compras – uma variante dos sites de compra coletiva

Os clubes de compra são sites que também utilizam os descontos como estimulador da venda. A diferença em relação aos sites de compra coletiva é que os clubes de compra trabalham o processo de compra de forma individual, ou seja, a venda vai ocorrer independentemente da quantidade de compradores interessados. Além disso, os clubes oferecem majoritariamente produtos de grifes, particularmente itens de vestuário, e as ofertas têm um prazo de duração mais longo do que no caso dos sites de compra coletiva. O conceito desse modelo de negócio é a participação em uma comunidade de pessoas diferenciadas, que têm bom gosto e compra produtos de marca. Isso pode ser observado a partir dos nomes dos sites: Privalia, Superexclusivo Brandsclub, Coquelux, Sam's Club, entre outros. Em princípio, há a necessidade de ser convidado para participar do clube, mas, na prática, qualquer pessoa pode se cadastrar no site e começar a receber ofertas.

As promoções costumam ser realizadas para cada marca e podem durar até uma semana. Já o Sam's Club tem uma modelagem que foge um pouco dos clubes de compra já citados. O clube pertence ao grupo WalMart, a maior rede varejista do mundo e já existia muito antes da atual febre dos descontos que assola o comércio. O site oferece descontos menores aos participantes e seu objetivo principal é estabelecer relacionamento com os clientes da loja.

Os clubes de compra também têm um papel importante no varejo, ao facilitar o escoamento de produtos de maior valor para o mercado e possibilitar que os consumidores adquiram produtos que não comprariam em condições normais. Para o sucesso nesse modelo de negócio é fundamental o conhecimento de produtos considerados premium e bons contatos com os principais fabricantes desses produtos.

Agregadores de ofertas – os facilitadores de transações

Para o comprador, o cadastro em um site de compra coletiva significa o recebimento de cerca de cinco e-mails diários com ofertas. À medida que se aumenta o número de sites nos quais o cadastro foi realizado, a quantidade de e-mails diários cresce bastante, tornando difícil o acompanhamento e a manutenção de todas as ofertas. Com o objetivo de facilitar a vida do comprador, surgiram os sites agregadores de ofertas. O usuário se cadastra uma única vez, filtra o tipo de oferta que deseja e passa a receber as ofertas direcionadas de diversos sites de compra coletiva. Vejamos dois exemplos de sites agregadores de ofertas.

O site "Loucas Por Descontos" apresenta ofertas de vários sites de compra coletiva. Ao clicar, o usuário é direcionado ao site responsável pela oferta, onde a compra é realizada de maneira normal. Além de seção de ofertas de compra coletiva, existe também a seção de ofertas de clube de compras e ofertas de lojas tradicionais. Este tipo de site funciona como uma grande vitrine de ofertas e recebe uma comissão sempre que a compra é concretizada. Um utilitário interessante em alguns sites agregadores é a possibilidade de localizar as ofertas por critérios geográficos, inclusive visualizando no mapa a localização das ofertas.

Esse recurso é útil nas grandes cidades, onde o custo de deslocamento é um fator de peso na compra. O ApontaOfertas[25] é outro site agregador de ofertas. Um aspecto interessante neste site e em alguns outros é a possibilidade do usuário filtrar as categorias de produtos de seu interesse. Essa possibilidade, assim como a filtragem da cidade e do bairro, é um recurso extremamente útil, na medida em que ajuda o comprador a encontrar as ofertas que mais lhe agradem. Quando bem montados e em plataformas ágeis, os agregadores podem ser bons estimuladores das compras coletivas. Como era de se esperar, a quantidade de sites agregadores já é bem expressiva. Outros exemplos desse tipo de site são: BuscaDescontos.com.br; ValeJunto.com.br; Saveme.com.br.

---

25 Site aponta ofertas: www.apontaofertas.com.br

Fornecedores de solução de compra coletiva compartilhada

Nesta variante do modelo, o site é um prestador de serviços que oferece a solução de no gerenciamento de compra coletiva para os empreendedores. Qualquer empreendedor pode iniciar o seu clube de compras sem ter que investir na montagem e no gerenciamento da solução. Em troca, o site fica com uma comissão sobre o valor das transações. Essa comissão, no caso do BeClub, é de 15% sobre o preço dos cupons, ou 10% quando o valor do cupom é superior a R$ 500. Na prática, o que ocorre nessa situação é que o empreendedor está dividindo a sua receita com o intermediário para não ter que investir na montagem e no gerenciamento da solução de compra coletiva.

A limitação desse modelo é que os compradores e os comerciantes que forem conquistados pelo empreendedor acabam sendo também partilhados com o intermediário, que tem acesso aos cadastros de ambos. Outro inconveniente é o domínio que acaba ficando na sombra da marca BeClub. De qualquer modo, é um modelo de negócios inteligente que permite aos empreendedores com pouquíssimo capital entrarem no segmento da compra coletiva. O modelo de negócio lembra o do Mercado Livre, que oferece uma plataforma de venda a quem quiser comercializar pela Internet sem investir em uma loja virtual e, da mesma maneira, pode ser uma porta de entrada ao mercado mais fácil para o empreendedor iniciante.

Modelo de negócio sem fins lucrativos

Uma variante interessante do modelo é o direcionamento do lucro obtido pelo site de compra coletiva para atividades assistenciais. As entidades que recebem o recurso são escolhidas pelo próprio comprador, dentre várias causas expostas no site. O empreendimento funciona como o tradicional, com o comerciante pagando um percentual da venda ao site de compra coletiva, que se encarrega de divulgar a oferta nos canais tradicionais, mas particularmente nas mídias sociais, onde o conceito vai ser bem recebido em razão de sua característica não lucrativa. Além disso, as próprias instituições ajudam a movimentar o projeto direcionando seu público para o site de compra coletiva. O site americano Idealnetwork[26] é um bom exemplo desse modelo.

Os mercadores de cupons[27]

O grande volume de cupons adquiridos nos Estados Unidos já estimulou o surgimento de um mercado paralelo no qual as pessoas podem comprar e vender seus cupons, mesmo após o prazo de compra da oferta já ter se encerrado no site de compra coletiva. Isso é possível porque o cupom adquirido fica disponível no site durante todo o seu período de validade e pode ter o nome do proprietário substituído por outro antes da impressão para a utilização. Esse mercado paralelo pode atender a inúmeras necessidades dos compradores: alguém que por algum motivo não quer mais utilizar o cupom e o coloca para venda ou troca; alguém que deseja obter lucro vendendo uma boa oferta por um valor maior do que o adquirido; alguém que perdeu o prazo de compra para uma oferta que desejava muito adquirir, entre outras possíveis situações. Além disso, um bom site pode criar uma comunidade virtual de compradores de cupons, onde podem ser trocadas experiências e dicas sobre

26 Site de compra coletiva com fins sociais: www.idealnetwork.com/about-ideal-causes
27 Serviço de troca de cupons http://readwriteweb.com.br/2010/11/17/servico-de-troca-de-cupons-e-lancado-no-brasil/

produtos, os sites de compra coletiva e ofertas interessantes. A plataforma possibilita que os usuários postem suas ofertas, que são enviadas diariamente para a base de clientes do serviço através de e-mail. Um desses sites é o CoupRecoup.com[28]. O site foi lançado recentemente nos Estados Unidos e apresenta inúmeras ofertas de compra e venda de cupons.

Curiosamente, o site não cobra nada pelo serviço – o normal seria a cobrança de uma taxa, no caso de venda concretizada. Como o site é recente, pode ser uma estratégia temporária para ganhar um volume de visitantes adequado antes de começar a cobrar. Outra possibilidade seria a monetização do site por meio de publicidade ou ainda uma eventual parceria com sites de compra coletiva. O tempo dará a resposta.

Nos Estados Unidos, argumenta-se que a existência de um mercado paralelo pode ser danosa para os negócios, pois eliminaria a natureza de compra por impulso das ofertas e diminuiria a venda de cupons, o que seria prejudicial para o comerciante; além de outros possíveis riscos, como fraudes em cupons. Não me parece que esse tipo de negócio vá crescer tanto que possa atrapalhar de alguma forma o mercado de compra coletiva. Caso se viabilize, deverá movimentar uma fração muito pequena de cupons em relação ao total distribuído. Talvez tenhamos em algum momento um mercado paralelo de cupons também no Brasil.

A compra coletiva no mercado B2B

A compra coletiva é ferramenta de divulgação que nasceu e se desenvolve maravilhosamente bem no mundo do varejo,

---

28 Site de compra e venda de cupons. http://couprecoup.com

conhecido como B2C, mas será que o modelo não poderia ser utilizado com sucesso também nos negócios entre empresas? Não seria a primeira vez que isso ocorre, já que não é incomum na Internet um modelo de negócios voltado inicialmente para o consumidor migrar para o universo das relações entre empresas. A empresa GroupOn, nos Estados Unidos, tem feito algumas experiências nesse sentido, lançando ofertas dirigidas a empresas, como é o caso de um pacote de serviços de consultoria em TI, no valor de 25 mil dólares, que foi lançado com um desconto de 50%[29]. Embora a modelagem seja a mesma, existem alguns ajustes necessários na montagem e execução da campanha. O primeiro é que as ofertas têm uma duração maior, de semanas, em vez de dias ou horas. Isso ocorre em razão das características dos produtos ofertados, normalmente de maior valor e que demandam uma análise mais acurada. Além disso, empresas e organizações não costumam fazer compras por impulso. Pelo menos não deveriam. Outro aspecto refere-se ao canal principal de divulgação. As ofertas não serão dirigidas para a base normal de usuários, portanto o site de compra coletiva deve ter uma base de dados de empresas para as quais as ofertas deverão ser filtradas e direcionadas. Em princípio, não há motivo para o sistema não funcionar, afinal, assim como o comprador individual, as empresas têm interesse em adquirir bons produtos e serviços em oferta. O que pode ocorrer é o sistema se adaptar melhor em alguns segmentos do que em outros, assim como ocorre no varejo.

---

29 Compra Coletiva B2B. http://www.datacenter-edge.com/content/ajilitee-taps-GroupOn-b2b-deal-day

Estratégias de posicionamento de mercado

À medida que o jovem mercado da compra coletiva se desenvolve, novos concorrentes surgem e todos os players procuram o seu espaço. Esse desenvolvimento é dinâmico e ainda veremos novidades no setor, mas já é possível observarmos algumas estratégias que as empresas no Brasil e nos Estados Unidos estão utilizando para se posicionar no mercado. Vamos a elas.

O crescimento sustentado pela regionalização

Uma característica fundamental dos negócios na Internet é o rápido crescimento de um novo segmento e o aumento exponencial de concorrentes à medida que o setor se torna mais popular. O número de concorrentes cresce até o ponto em que a demanda seja satisfatoriamente atendida e continua a crescer até que, invariavelmente, haverá mais oferta que demanda pelo serviço. Nesse momento, muitos deixarão o mercado ou serão absorvidos pelos grandes. Enquanto isso não ocorrer, a regra do jogo é crescer de forma sustentada e ocupar um espaço no mercado por meio da expansão do número de compradores cadastrados e do número de comerciantes clientes. Crescer de forma sustentada significa expandir o negócio, o que inclui aumentar as receitas e as despesas, sem perder qualidade na prestação de serviços, pois isso traria consequências negativas e levaria a um retrocesso inevitável em algum momento. Pensando em termos geográficos, existem duas formas clássicas de expansão que podem ser praticadas pelas empresas do setor: crescimento vertical e horizontal. No crescimento vertical a empresa aumenta os negócios no mercado em que atua e no horizontal passa a operar em outros mercados geográficos. Esse mercado pode ser melhor delimitado em termos de cidades, já que ali será um universo onde coexistirão compradores e comerciantes a serem atendidos e, invariavelmente, concorrentes a serem superados. Nas metrópoles como São Paulo, Rio de Janeiro, Belo Horizonte, entre outras, existe a possibilidade de segmentação por regiões que tenham características semelhantes – e isso faz sentido, já que as metrópoles apresentam enormes regiões com características peculiares que as tornam verdadeiras cidades. São Paulo, por exemplo, tem vários bairros com população superior a 200 mil habitantes. Se analisarmos os líderes do mercado de compra coletiva no Brasil, veremos que uma estratégia de rápido crescimento vem sendo adotada por eles, pois em pouquíssimo tempo de mercado já estão presentes em um grande número de cidades e também regiões. O quadro abaixo mostra a quantidade de cidades nas quais os líderes se fazem presentes, bem como o número de regiões na maior metrópole. Os números foram fornecidos pelas empresas.

Site de Compra Coletiva	PEIXE URBANO	GROUPON
Site	peixeurbano.com.br	groupon.com.br
Quantidade de Cidades	56	41
Quantidade Regiões – SP	2	4

Pela grande quantidade de cidades que passaram a ser atendidas no curto período de um ano, tem-se uma noção do esforço das líderes em ocupar rapidamente o mercado. No caso do Peixe Urbano e do GroupOn, num período curtíssimo de tempo, já estão presentes em meia centena de cidades e essa tende a ser a realidade dos grandes sites: a necessidade de crescimento. São, em sua maioria, capitais de estados e cidades representativas em termos populacionais e econômicos. No caso de São Paulo, o site Oferta Única adotou uma interessante estratégia de segmentação, dividindo a cidade em quatro regiões: Leste, Oeste, Sul e Norte. Segundo seus dirigentes, essa estratégia foi responsável por uma forte expansão das vendas, o que a levou a ser também adotada por outros grandes sites.

Na seção "Anexos", você encontrará a lista das cidades atendidas e as empresas que estão presentes em cada uma delas. Como esses números estão em constante evolução, no site de cada uma das empresas pode ser encontrada uma lista atualizada das cidades atendidas.

A segmentação geográfica impulsiona o crescimento das empresas e ajuda no sentido de conhecimento mais aprofundado do mercado e do público-alvo, além de possibilitar um acesso mais fácil ao comerciante e a utilização de uma argumentação regional. Além disso, o perfil de consumo em cada local é fator determinante na escolha do produto mais adequado, na comunicação e na montagem de campanhas de maneira geral. Naturalmente, no caso de produtos de abrangência global, como turismo, as ofertas são divulgadas nacionalmente.

A estratégia da diferenciação

Além de crescer e ocupar rapidamente o mercado, outra estratégia que pode ser adotada pelas empresas, principalmente aquelas de menor porte, é a busca por um diferencial competitivo. Pode ser apenas um atributo positivo que a diferencie em relação às demais ou até a escolha de um nicho de mercado dentro da compra coletiva. No presente momento, os líderes ainda são muito focados no crescimento baseado na regionalização e são semelhantes em sua forma de atuação e práticas, mas isso pode mudar num futuro próximo com as empresas encontrando seu diferencial competitivo, conforme os exemplos que seguem:

➲ **Diferenciação por preço.** O primeiro diferencial a ser pensado na competição pelo mercado é o preço. Provavelmente teremos dois patamares de preços: o dos líderes, que em razão de seu alcance e poder de divulgação oferecem uma maior expectativa de retorno para o comerciante, e o dos sites menores, que trabalharão em patamares de custo e preços mais baixos. Os preços para divulgação na compra coletiva ainda estão em fase de consolidação e atualmente são encontrados sites que cobram de 10% até 50%. Os grandes atuam com taxas ao redor de 30% e os menores se acomodam em patamares inferiores de cobrança. De maneira geral, com o acirramento da concorrência, as comissões serão reduzidas até encontrarem o seu ponto de equilíbrio, abaixo do qual se comprometeria a viabilidade do empreendimento. O risco nesse processo são os sites, que, numa tentativa de sobrevivência, jogarão a qualidade do serviço para baixo juntamente com os preços. Se isso ocorrer em uma dimensão muito grande, a credibilidade de todo o setor poderá ficar comprometida. De qualquer modo, assim como ocorre em outros setores, nada impede que players eficientes consigam oferecer serviços de qualidade a um custo menor que seus pares.

➲ **Diferenciação por segmentação premium.** Outro diferencial nos líderes foi encontrado no GroupoOn, que criou uma segmentação Premium na cidade de São Paulo. A ideia é atingir um público específico comprador de produtos Premium e que possa maximizar o retorno da campanha, em função de maior interesse e capacidade de compra dos produtos ofertados pelas campanhas. A estratégia faz sentido, pois os sites dispõem de uma enorme base de dados com informações preciosas sobre o cliente, como: região onde mora, produtos preferidos, meio de pagamento, valor médio de compras, entre outras. Essas informações podem ser filtradas de forma a encontrar os perfis mais adequados para cada oferta. A estratégia caminha no sentido do Marketing 1to1[30] que significa conhecer o perfil e as necessidades de cada cliente e tratar cada um como um verdadeiro segmento de mercado, oferecendo o que ele supostamente deseja adquirir baseado em seu comportamento anterior de compra.

⊃ **Diferenciação por tema**. O ClickOn criou uma segmentação chamada especial-carnaval, possivelmente estimulada pelas ofertas de um grande cliente fabricante de cervejas com presença forte na mídia no período de carnaval. Na ocasião, o site apresentava 12 ofertas relacionadas ao tema. Ainda não temos subsídios para avaliar se essa estratégia de criar um segmento exclusivo para um tema é eficaz. A questão chave é se haverá ou não um volume suficiente de ofertas que justifique o foco e o esforço de divulgação em um tema específico. O tema "Carnaval", embora seja uma data marcante em nosso país, tem a característica da sazonalidade, o que significa que, passado o evento, deverá sair de pauta. Outro tema marcante, embora também sazonal, é o Natal. Essa data que movimenta

---

30 Abordagem mercadológica estudada e divulgada por autores como Pepers & Rogers

praticamente todos os compradores poderia ter um impacto significativo nas vendas e possivelmente será adotada por várias empresas.

A busca por um bom nicho de mercado

Vimos como os grandes players estão buscando a diferenciação como mais uma arma na luta pelo mercado. Mas qual deve ser a estratégia dos pequenos empreendedores do setor? A segmentação apenas por critério geográfico pode não ser suficiente para garantir o sucesso do negócio, pois, como vimos, os grandes estão expandindo rapidamente suas atividades e em breve não haverá uma só cidade de porte razoável que não tenha um site de compra coletiva. Para sobreviver em um mercado que terá um líder e alguns seguidores acompanhando de perto, os pequenos devem criar justificativas para serem procurados pelos compradores. Uma abordagem que parece ser a mais promissora seria se concentrar em uma linha de produtos específica e lutar para ser o líder naquele nicho. Abaixo, uma relação das principais áreas cobertas pelos sites de compra coletiva atualmente:

- ➲ Gastronomia (restaurantes, bares).
- ➲ Entretenimento (teatros, shows).
- ➲ Beleza e Estética (salões, spas).
- ➲ Saúde e Bem-estar (ginástica, yoga).
- ➲ Turismo e Aventura (viagens, esportes).
- ➲ Moda (roupas, acessórios).

Essa relação tende a crescer, à medida que mais concorrentes atuem no mercado e saiam em busca de novos clientes. E, mesmo atualmente, se considerarmos as subáreas, o espectro de alcance da compra coletiva já não é tão pequeno. Vamos imaginar, por exemplo, um site de compra coletiva voltado exclusivamente para ofertas de viagens. Trata-se de um segmento amplo, de forte demanda e que tem como vantagem a abrangência nacional. Um comprador que busque por esse tipo de produto poderá se cadastrar no site e acompanhar todas as ofertas de viagens até encontrar uma que lhe agrade. Para isso, é fundamental a identificação do site como uma referência neste segmento, pois o comprador tende a priorizar o fornecedor que é supostamente o melhor naquilo que lhe interessa. Mas atenção, num setor altamente competitivo como esse, não basta parecer o melhor, mas realmente oferecer mais benefícios e ofertas focadas no tema do que a concorrência, o que nos leva ao principal benefício da especialização: uma empresa que é focada em um nicho consegue conhecer profundamente as necessidades de seus clientes e atendê-los com excelência.

Poderíamos avançar um pouco mais no exemplo e pensar em um site especializado em ofertas de viagens de ecoturismo e esportes radicais. Com certeza, se tal empresa existisse, teria em seu cadastro uma expressiva parte das pessoas que praticam essa atividade. A contrapartida é sempre ponderar o grau de especialização do nicho com a demanda pela linha de produto escolhida, pois mesmo um líder de segmento precisa de certo volume de clientes para poder atuar com lucratividade. Vamos ver alguns exemplos de sites internacionais e brasileiros que estão utilizando essa estratégia.

Site especializado em serviços públicos

O site britânico Incahoot é um bom exemplo de diversificação de produtos e busca por nichos de mercado. O site é especializado em contas domésticas como telefonia e banda larga[31].

O site tem fertas para: telefonia celular; banda larga doméstica; banda larga por celular e energia. Trata-se de um nicho com poucos produtos, mas que são utilizados pela quase totalidade da população.

Esse modelo de site não poderia ser implantado em países cujos serviços públicos sejam prestados por empresas estatais, já que uma empresa monopolista não se preocuparia em oferecer descontos para ganhar novos clientes. A Inglaterra, país do site no exemplo, tem uma forte tradição de privatização de serviços públicos e de várias empresas concorrentes em cada serviço, o que facilita a utilização da compra coletiva na prestação desses serviços.

Site especializado em viagens

Como já havíamos citado a possibilidade de um site focado em viagens, localizamos um exemplo de site já atuando neste nicho de mercado no Brasil. O site hiperturismo.com é especializado em pacotes de viagens.

Trata-se de um nicho grande de mercado e que provavelmente terá um número expressivo de concorrentes daqui a algum tempo.

---

31 Artigo sobre site especializado em serviços residenciais. http://realbusiness. co.uk/sales_and_marketing/incahoot_slashing_britains_household_bills

Site especializado em cursos e treinamentos profissionais

O site australiano antmart.com.au é especializado em cursos e eventos de treinamento. Os cursos podem ser online ou presenciais.

Essa linha de produtos ainda é pouco explorada pelos sites de compra coletiva tradicionais. Pelo fato de serem serviços, possibilitam uma boa margem de desconto nas ofertas.

Site focado no público feminino

O site UvaRosa[32], por exemplo, optou por trabalhar apenas com produtos voltados para o público feminino. Naturalmente, o mercado alvo é enorme, uma vez que o público feminino representa algo próximo a 46% dos usuários do serviço de compra coletiva e a rigor não seria classificado como um nicho, mas, sem dúvida, trata-se de um segmento que apresenta características e necessidades específicas a serem atendidas.

Vale a pena frisar novamente que, ao se utilizar uma estratégia de nichos, não basta apenas publicar que o site é especializado naquele assunto. É preciso conhecer a fundo o público-alvo e realmente trazer produtos que atendam às necessidades desse público de forma a criar relacionamento e fidelização à marca.

Peixes grandes à espreita

O mercado da compra coletiva cresceu muito rapidamente e passou a despertar a atenção dos gigantes da Internet. O que está em jogo não é apenas o lucro que pode ser obtido

---

32 Site voltado ao público feminino http://www.uvarosa.com.br/bem-vindo/ informe-sua-cidade/

pelos sites de compra coletiva, mas também o acesso estratégico a um grande universo de compradores e de comerciantes. A oferta de seis bilhões de dólares pelo GroupOn, abordada no início deste livro, foi um indicador desse interesse, e o fato daquela proposta específica não ter sido aceita é apenas uma circunstância no mundo do e-commerce. Com certeza outras jogadas de grande impacto irão ocorrer. Vamos ver algumas das empresas que podem causar um maremoto caso decidam entrar pra valer no mercado de compra coletiva.

Twitter twitter

O Twitter é uma popular rede social criada em 2006 por Jack Dorsey. Com sede em San Francisco, Califórnia, o valor da empresa é estimado em 10 bilhões de dólares. O site tem um conceito bastante simples, mas genial, de comunicação entre as pessoas. Trata-se de uma plataforma que permite o envio de mensagens instantâneas por texto ou SMS a todos os seguidores de determinada conta. Estima-se que o microblog abrigue cerca de 170 milhões de contas e nesse universo circulam diariamente milhões de mensagens curtas, no máximo com 140 caracteres. Além dessa enorme massa crítica de valor inestimável, a própria ferramenta do twitter já representa um trunfo numa eventual entrada no setor de compra coletiva, afinal os posts são uma forma extremamente ágil de se acessar o público e também de repercutir uma notícia, assim como uma oferta. Caso o Twitter decida entrar no mercado, tem pelo menos duas modelagens de negócio alternativas. A primeira seria apenas direcionar os usuários para o comerciante que estiver fazendo a promoção, mas, nesse caso, todos os comerciantes precisariam ter um sistema de venda de cupons, o que não parece ser economicamente viável. A segunda alternativa seria a própria empresa se encarregar da venda dos cupons – nesse caso, funcionaria nos moldes de um site de compra coletiva tradicional usando o seu recurso de comunicação e estimulando os membros a repercutirem as ofertas. Recentemente o Twitter inaugurou uma conta chamada Earlybirdy Offers[33], em bom português, pássaro madrugador, um nome utilizado na publicidade americana para compradores que adquirem seus produtos com desconto por comprarem antecipadamente. Essa conta tem divulgado ofertas com descontos ao redor de 25% e talvez seja um protótipo ou plataforma de testes de uma futura entrada no mercado da compra coletiva. Naturalmente, não se pode afirmar baseado nessas ações que o Twitter vá atuar diretamente no mercado da compra coletiva, disputando espaço com os grandes líderes, porém é fato que há a intenção de monetizar o site de forma mais enfática, e o novo mercado dos descontos pode ser o caminho mais curto.

Google Google

O Google é a empresa mais popular da Internet. Fundada em 1998 por Larry Page e Sergey Brin, a empresa com sede em Mountain View, Califórnia, oferece inúmeros aplicativos e soluções para a Internet, a maioria das quais gratuita. A monumental fonte de receita do Google é o sistema Adwords, por meio do qual os anunciantes publicam seus anúncios nos resultados de busca e na rede de parceiros pagando por cada clique.

O Google já incorporou inúmeras companhias de pequeno e grande porte ao longo de sua trajetória de pouco mais de uma

---

33 Sites de ofertas do Twitter https://twitter.com/earlybird

década. Para todos nós que nos assustamos com a cifra de 6 bilhões de dólares colocada na mesa para a tentativa de aquisição do GroupOn, é bom lembrar que o Google fechou o ano de 2010 com nada menos que 34 bilhões de dólares em caixa[34], ou seja, a digestão do maior player do mercado de compra coletiva consumiria pouco mais do que 17% do caixa atual da empresa. Sem dúvida alguma, é uma das empresas mais conhecidas e poderosas do planeta e vale na bolsa de valores a bagatela de 164 bilhões de dólares. Com todo esse cacife financeiro e mais o poder advindo de cerca de 350 milhões de visitantes únicos por mês em seu site, não é à toa que a empresa torna-se uma sombra assustadora em qualquer direção em que apontar o seu dedo verde, e a oferta ao GroupOn não deixou dúvidas com relação à direção desejada. O interesse faz sentido, pois o Google já possui praticamente tudo que é necessário para fazer sucesso também na lucrativa arena da compra coletiva: dinheiro, tecnologia, credibilidade e, principalmente, acesso direto aos compradores por meio da busca e acesso aos comerciantes por meio da plataforma AdWords[35]. É claro que comprar o maior player e líder mundial do setor facilitaria as coisas, mas sempre existem vários caminhos que levam ao mesmo destino. O Google pode montar sua plataforma nos moldes tradicionais utilizados pelo GroupOn, usar todo o arsenal citado e, para acelerar o processo de crescimento, comprar algumas empresas de porte um pouco menor e incorporá-las em seu modelo. E os fatos na Internet são tão velozes quanto os boatos. Há questão de dias o Google lançou a plataforma Google Offers,

---

34 Valor do Google na Bolsa http://finance.yahoo.com/q/ks?s=GOOG
35 Interesse do Google no mercado de compra coletiva: http://www.mediapost.com/publications/?fa=Articles.showArticle&art_aid=142340

por enquanto em fase embrionária[36], mas alguns analistas estão sinalizando que o sistema não vai se limitar ao modelo tradicional dos sites de compra coletiva que temos visto e provavelmente utilizará, entre outros recursos, o Google Maps para auxiliar o comprador na busca pela oferta mais interessante e, naturalmente, melhorar a eficiência das campanhas[37]. Com certeza teremos boas novidades no setor.

Facebook facebook

O Facebook é a maior rede social do planeta, com cerca de 300 milhões de usuários cadastrados. A empresa, com sede em Palo Alto, Califórnia, foi fundada em 2004 por Mark Zuckerberg, inicialmente como uma rede exclusiva para os alunos da Harvard School e, posteriormente, aberta ao universo da Internet num espetacular processo de crescimento. A empresa já recusou várias ofertas de compra e em 2007 a Microsoft adquiriu 1,7% de suas ações pelo valor de 240 milhões de dólares. Segundo os analistas, o principal objetivo da compra foi barrar as tentativas de compra do Google. Além do gigantismo da empresa, o temor de sua entrada no mercado é baseado nos seguintes fatos:

1. a empresa costuma adaptar utilitários que fazem sucesso na Internet para utilização nas páginas do Facebook, às vezes comprando a empresa criadora, às vezes simplesmente adaptando a ideia;

2. o Facebook é provavelmente a principal rede social em termos de divulgação de ofertas de compra coletiva, por-

---

36 Google Offers – beta http://www.google.com/landing/offers/index.html
37 Lançamento Google Offers http://www.makeuseof.com/tag/google-rebrands-coupons-google-offers-launches-igoogle-widget-news/

tanto todo esse potencial de divulgação seria aproveitado caso tivesse uma solução interna de compra coletiva;

3. uma quantidade cada vez maior de comerciantes tem páginas no Facebook e são os clientes potenciais do sistema, da mesma maneira que os milhões de usuários que frequentam as páginas podem ser os compradores das ofertas.

Em suma, o Facebook tem a faca e o queijo na mão para entrar com determinação nesse novo mercado. Outro aspecto a ser considerado é que a empresa, embora indiscutivelmente vencedora, apenas recentemente alcançou o equilíbrio financeiro, ou seja, passou a ter receitas maiores que as despesas. Assim, o novo mercado de compra coletiva pode ser um ótimo caminho para potencializar e acelerar o crescimento de seus lucros. É claro que existe a questão de qual seria a melhor estratégia para a entrada da empresa no setor, pois a possibilidade de trabalhar com parcerias e receita de publicidade sem entrar diretamente como prestadora desse serviço pode ser também interessante. O que parece improvável é que o Facebook assista ao fantástico crescimento do setor, colabore com a divulgação de ofertas por meio de suas páginas e não tire nenhum proveito disso. De fato, já existem ações concretas da empresa nesta direção em cidades específicas nos Estados Unidos[38].

Vimos três possíveis grandes players com um possível interesse no mercado de compra coletiva. Não são os únicos, mas, pelas suas características, são aqueles que podem causar mudanças significativas no mercado, ocupar espaços dos líderes atuais e definir novos padrões de funcionamento para todos os players. É bom ficar atento.

38 Facebook ingressa na Compra Coletiva http://www.screenwerk.com/2011/03/14/facebook-wades-into-group-buying

A importância da ética comercial para a credibilidade do setor

A Internet reproduz muitas das características do mundo físico, para o bem ou para o mal. Mas um aspecto que vale a pena frisar, e ao qual todo comerciante ou empreendedor da Internet deve ficar atento, é o fato de que o internauta, particularmente o e-consumidor, é um sujeito com boa formação, impaciente e extremamente exigente. Este é um motivo a mais para que a atuação nesse ambiente seja pautada por muito respeito ao comprador, pois qualquer deslize pode causar enormes prejuízos à marca. Mesmo no caso do mercado de compra coletiva, de curta existência, já ocorreram casos de descuido em questões éticas que valem a pena ser citados como exemplos de erros que não deverão ser cometidos. Vamos ver alguns desses casos.

➲ **Na Inglaterra.** A empresa GroupOn da Inglaterra foi advertida por fornecer informações imprecisas ao comprador[39]. O usuário reclamou que o suposto desconto de 74% em um jantar não era real, pois, para calcular esse percentual, foi utilizado o valor da refeição mais cara do restaurante, o que, na maioria das vezes, não reflete a realidade dos usuários. A reclamação foi acolhida e o site modificou o anúncio incluindo a informação referente à base de cálculo que foi utilizada. No Brasil costumamos ser mais flexíveis com relação a esses desvios e isso não é bom para ninguém, nem mesmo para os comerciantes, afinal, a partir do momento em que haja uma percepção negativa em relação às ofertas de compra coletiva, haverá uma tendência natural à desconfiança e afastamento do

---

39 Anúncio exagerado na Inglaterra http://www.campaignlive.co.uk/news/1053837/GroupOn-ad-banned-exaggerated-claims/

comprador, trazendo prejuízos principalmente para os bons comerciantes.

‣ **Nos Estados Unidos.** A TV é um canal de comunicação poderosíssimo para o bem ou para o mal. Nesse caso, foi mal utilizada em um comercial de gosto duvidoso sobre um site de compra coletiva. O vídeo mostra um ator recebendo um prato tailandês de um garçom tailandês e fazendo comentários sem nexo sobre ameaças à milenar cultura daquele país. Diante da repercussão negativa, a empresa agiu rapidamente, retirou o site do ar e se desculpou, porém melhor seria não ter cometido o erro. A sociedade atual, principalmente as pessoas com melhor formação, como é o caso do e-consumidor, estão mais atentas a ações que contrariam a ética ou carreguem preconceitos, portanto, toda comunicação da empresa em qualquer canal de comunicação deve ser cuidadosamente avaliada também por esse prisma. O vídeo do exemplo está disponível no YouTube[40].

‣ **No Brasil.** Na imagem a seguir você poderá observar uma oferta relativamente recente de um grande player do mercado. Nada de errado com as condições da oferta, mas sim com o produto que está sendo ofertado. Na ocasião em que a oferta foi ao ar, a empresa fabricante já estava publicamente condenada por enganar o comprador afirmando propriedades inexistentes no produto[41]. Pode-se partir da premissa de desconhecimento por parte do site, mas isso não invalida o fato de que o comprador estava sendo enganado.

---

40 Comercial ofensivo nos Estados Unidos http://www.campaignlive.co.uk/news/1054589/GroupOn-pulls-offensive-Super-Bowl-ad/

41 Propaganda enganosa http://www1.folha.uol.com.br/equilibrioesaude/854797-fabricante-da-pulseira-power-balance-admite-que-produto-nao-funciona.shtml

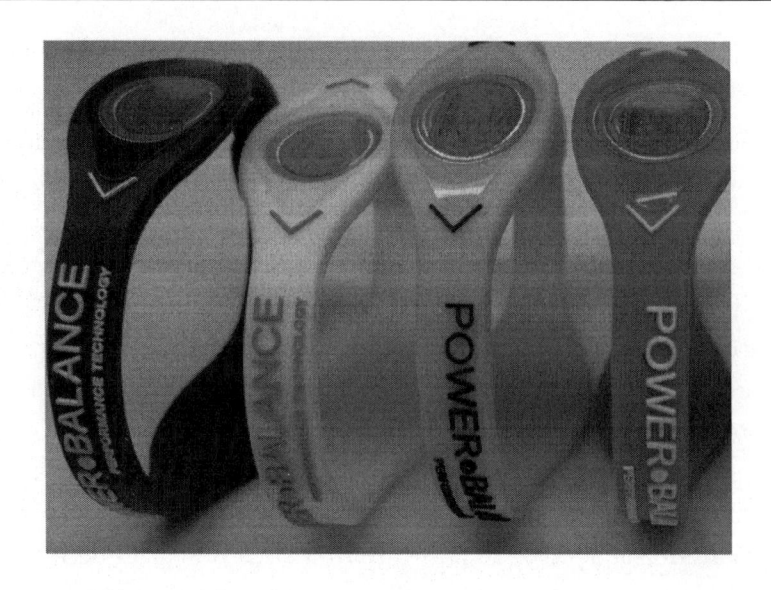

A imagem da empresa é um bem muito precioso para ser colocada em risco. Além disso, a Internet tem uma característica muito peculiar em relação aos outros meios de comunicação: ela dá poder ao indivíduo. Um só comprador indignado com o fato pode extravasar sua bronca por inúmeras páginas que, por sua vez, podem ser multiplicadas por outros internautas. Isso causará um estrago na imagem infinitamente maior do que um eventual ganho com um cliente duvidoso. O que podemos extrair desse episódio é a importância de se avaliar a qualidade do que está sendo oferecido ao cliente. Isso é válido tanto para o comerciante quanto para o site de compra coletiva, afinal, no inconsciente coletivo sempre existirá aquele velho ditado: "diga-me com quem andas e te direi quem és".

A certificação dos sites de compra coletiva

O mercado de compra coletiva ainda está em seu início, mas uma questão de interesse das empresas e do setor é garantir a manutenção de padrões de qualidade de serviços. Eventuais deslizes cometidos por poucos podem comprometer a credibilidade de todo o setor, e credibilidade é algo de fundamental importância em qualquer segmento de negócio. Uma alternativa interessante seria a implantação da certificação dos sites de compra coletiva que atuam dentro dos padrões éticos e de qualidade definidos pela própria categoria. Isso deve ajudar a filtrar o setor e oferecer mais segurança ao usuário.

Conclusão

A coisa mais útil que aprendi em meus 10 anos de e-commerce foi que ainda tenho muito que aprender. Em nossa área de atuação é literalmente impossível ter a pretensão de que se sabe muito, pois todo dia surge algo novo com o dedo em riste para nossa ignorância. A compra coletiva é um exemplo cabal desse fato. Algo que não existia há dois anos está hoje espalhado pelo mundo movimentando bilhões de dólares, e nós temos que correr feito loucos para entender o que está acontecendo. A ideia é termos humildade para aprender o novo, e para isso às vezes é necessário desaprender o que já havíamos aprendido antes, a duras penas. Temos que buscar o conhecimento onde ele estiver: no dia a dia das ofertas; nos livros (parabéns!); na própria Internet; na realização de cursos, e assim por adiante, tendo sempre em mente a busca pela excelência, pois a era da informação na qual estamos mergulhados mais do que nunca possibilita e nos estimula a realizar essa busca.

Nestas páginas, acabamos de percorrer o fascinante mundo da compra coletiva. Vimos o que é, como funciona, os seus riscos e benefícios, as melhores práticas para o comprador, o comerciante e o empreendedor, o momento atual desse segmento de negócios e as tendências que já estão sendo desenhadas no horizonte desse novo mercado. De forma bem objetiva, podemos fazer um fechamento deste livro com duas conclusões.

Em primeiro lugar, o fato de que o sistema de compra coletiva como ferramenta de divulgação veio para fazer parte do mundo do e-commerce e do mundo dos negócios. Ao longo do tempo, continuaremos a assistir a consolidação do setor, que deverá sofrer mudanças, evolução nas plataformas, fusões, compras e saídas de empresas que não encontraram um lugar ao sol e assim por diante, mas o conceito de oferecer melhores condições de compra em troca de volume de venda e aquisição de novos clientes vai continuar firme e forte impulsionando os negócios.

O segundo fato é que a compra coletiva é benéfica não somente para o comprador, o comerciante e o empreendedor deste mercado, mas para a economia de maneira geral. O sistema é benéfico ao facilitar a descoberta de novos e bons comerciantes, por parte do consumidor, ao aproximar comerciantes e compradores, ao possibilitar que milhões de transações sejam realizadas com um custo extremamente baixo, ao estimular a competição e a busca por mais eficiência, e, finalmente, ao dar mais poder de escolha ao consumidor. O mercado já nos sinalizou tudo isso e agora cabe a todos nós explorarmos e extrairmos o melhor desse novo segmento de mercado com humildade, competência e responsabilidade.

Anexo I – Entrevista com Dirigentes dos Dois Maiores Sites de Compra Coletiva do Brasil

Florian Otto – CEO do GroupOn.
Leticia Leite – Diretora do Peixe Urbano.

➲ SOBRE O MERCADO

Como a empresa visualiza o mercado de compra coletiva daqui a cinco anos, particularmente no que se refere à consolidação do setor junto aos comerciantes e compradores?

F.O. O nosso modelo de negócio oferece principalmente como vantagem a possibilidade de fidelizar os clientes. Os estabelecimentos começarão cada vez mais a filtrar os sites que conseguem atingir esse objetivo e se amadurecerão no tipo de serviços e produtos oferecidos. Sem dúvida, haverá uma consolidação no mercado, principalmente em relação ao número de empresas oferecendo esse serviço. Com o amadurecimento do mercado, apenas as companhias mais estruturadas se manterão como player e conseguirão sobreviver com um volume de negócios que justifique os investimentos. Os consumidores também passarão a identificar quais são as empresas que entregam o que oferecem.

L.L. O mercado provavelmente passará por um processo de seleção natural, onde os consumidores e os estabelecimentos escolherão os melhores sites, aqueles que têm uma estrutura sólida e confiável e que trazem consistentemente as melhores ofertas.

Temos hoje no Brasil o registro de mais de 1.000 sites de compra coletiva. O que uma empresa de compra coletiva terá que possuir para sobreviver neste mercado que está se desenhando?

F.O. Manter-se como uma empresa estruturada em todos os sentidos: infraestrutura, parceiros comprometidos e renomados, número expressivo de usuários, equipes especializadas nos setores de atuação, processos estruturados e controle da base de usuários.

L.L. Além de qualidade e credibilidade, o tamanho também é importante, já que é o poder do coletivo que viabiliza os descontos de 50% a 90% nos melhores produtos, serviços e atividades de cada cidade. Quanto mais usuários cadastrados, usuários que estão ativamente buscando o que tem de melhor em suas cidades, mais visibilidade e novos clientes podemos proporcionar aos nossos parceiros e, consequentemente, melhores são as ofertas que conseguimos trazer diariamente para os nossos usuários. É um ciclo virtuoso que traz benefícios para todas as partes: site, estabelecimentos e usuários, e que favorece os sites que já são maiores, que têm mais estrutura, mais credibilidade e mais foco em qualidade.

➲ SOBRE A EMPRESA

Onde é alocada a maior parte dos investimentos de sua empresa? Qual é o maior item de gasto operacional da empresa?

F.O. Informação considerada sigilosa pela empresa.

L.L. Investimos muito em recursos humanos para ter a melhor equipe possível, pois acreditamos que são as pessoas e a estrutura por trás de cada site que fazem a diferença. Essa é a maior barreira de entrada do segmento. Hoje temos cerca de

500 funcionários em todo o Brasil e também na Argentina. Temos um foco obsessivo em qualidade, inovação e transparência, e em melhorar sempre mais a experiência dos nossos usuários e parceiros. Para isso, é imprescindível contar com excelentes profissionais, 100% comprometidos com a missão da empresa. Só assim podemos continuar expandindo, buscando conectar o maior número possível de consumidores e empresas e ao mesmo tempo continuar melhorando sempre mais a qualidade do site. O nosso investimento em marketing também é significante, porém secundário ao investimento em recursos humanos, já que ter qualidade e, consequentemente, usuários e parceiros satisfeitos é realmente o melhor marketing que se pode ter. Desde o nosso lançamento até hoje, a maior fonte de novos usuários é a recomendação dos nossos usuários atuais, seja através do boca a boca, de e-mails ou das redes sociais.

Qual é a comissão normalmente cobrada dos comerciantes? Essa comissão é fixa ou pode ser negociada?

F.O. A comissão depende de cada negociação.

L.L. A comissão é cerca de 50% do valor vendido. Para as empresas, é um investimento totalmente mensurável e atrelado ao número de clientes que de fato vão até elas experimentar o seu produto ou serviço. É um modelo que em poucas horas garante uma enorme exposição de marca para um público qualificado e a oportunidade de fidelizar um grande número de novos clientes, sem ter a necessidade de fazer qualquer desembolso. O Peixe Urbano prepara e divulga cada oferta e administra as vendas da promoção. Após deduzir a nossa comissão, repassamos a receita ao estabelecimento parceiro, que até recebe esse valor antes mesmo de entregar grande parte dos produtos ou serviços vendidos (já que o cupom geralmente tem validade de 6 meses). Dessa forma, ganhamos apenas quando os nossos usuários e parceiros ganham também.

Além da montagem e realização da campanha, o que a empresa oferece ao comerciante como benefícios adicionais?

F.O. Temos uma ampla infraestrutura e processos muito definidos para suportar nossos parceiros. Além das equipes especializadas por segmentos, o que contribui para definição de ofertas específicas e de acordo com o perfil dos estabelecimentos, temos treinamentos rígidos e atuamos com pós-venda para garantir que nossos clientes sejam atendidos, seguindo nossas regras e procedimentos. Também temos a credibilidade do GroupOn, empresa pioneira e líder mundial neste segmento e todo o nosso investimento em marketing agrega valor ao produto ou serviço ofertado.

L.L. O Peixe Urbano cuida de tudo, desde a preparação da oferta (estruturação, redação do texto descritivo, imagens, etc.), até a divulgação da oferta (por e-mail para a nossa base de usuários cadastrados e também nas redes sociais), a administração das vendas (para isso utilizamos as empresas mais reconhecidas do setor: PagSeguro, Mercado Pago e BrasPag) e também o envio dos cupons e o atendimento aos compradores. Depois disso, cabe aos nossos parceiros prestar um excelente serviço ou entregar um produto de altíssima qualidade e, de acordo com o regulamento da oferta divulgada, para conseguir fidelizar esses novos clientes. Nós temos uma equipe especialmente focada em ajudar e em orientar os nossos parceiros para que estejam bem preparados para atender esses novos clientes, otimizando assim o resultado da ação. Depois que a oferta é divulgada, temos uma equipe inteiramente dedicada ao relacionamento com os nossos parceiros, que acompanham os resultados e estão à disposição para ajudar com o que for preciso.

⊃ SOBRE AS OFERTAS

Qual é a quantidade de ofertas lançadas no Brasil e a média de ofertas/mês?

F.O. No Brasil foram mais de 15 mil ofertas publicadas, sendo que fazemos, em média, três ou mais ofertas por dia, em cada cidade que atuamos.

L.L. Desde nosso lançamento, há pouco mais de um ano, já divulgamos mais de 5.000 ofertas e vendemos mais de 4 milhões de cupons. À medida que vamos expandindo o site, tanto nas cidades onde já estamos como também para outras localidades, a média de ofertas por mês aumenta exponencialmente. Hoje em dia divulgamos cerca de 1.500 ofertas por mês em 56 cidades. A tendência é que esses números continuem aumentando conforme o site cresce nas cidades atuais e expande para outras cidades.

Qual é o valor acumulado das ofertas e o valor acumulado dos descontos?

F.O. Não detalhamos esses números, mas podemos dizer que mais de R$ 250 milhões já foram economizados pelos usuários brasileiros.

L.L. Não divulgamos faturamento, porém acompanhamos de perto o valor acumulado dos descontos. Em um ano, já foi possível proporcionar aos nossos usuários uma economia de mais de R$ 270 milhões.

Quais as principais categorias de produtos que fazem parte das ofertas atualmente?

F.O. Turismo, Hotelaria, Gastronomia, Lazer, Beleza, além de serviços.

L.L. Varia de cidade para cidade, mas, em geral, gastronomia é o setor mais forte, seguido por estética e depois por turismo, que atualmente é o setor que mais cresce dentro do nosso mix de ofertas. Acreditamos tanto neste setor que recentemente criamos uma área especializada em viagens e turismo. Porém, mesmo que esses sejam os principais setores, procuramos trazer uma variedade grande de ofertas, incluindo promoções de entretenimento, de cursos, de moda e de diversos outros tipos de produtos, serviços e atividades locais para ter sempre algo atrativo para todos os nossos usuários.

Existem outras categorias de produtos que poderão vir a ser interessantes num futuro próximo? Exemplos.

F.O. *Temos ofertas em outros segmentos e que devemos ampliar, como celulares e pacotes de serviços relacionados ao equipamento.*

L.L. Dentro do setor de turismo, existem várias áreas a serem exploradas e pretendemos diversificar e aumentar as ofertas deste setor, incluindo, por exemplo, pacotes internacionais com diárias em hotéis, passagens aéreas, tours, atividades locais, cruzeiros, etc. Estamos sempre testando novos tipos de ofertas e segmentos e monitorando os resultados para conseguir formatar e entregar ofertas sempre mais relevantes para os nossos usuários.

Quais os principais meios de divulgação das ofertas?

F.O. *As ofertas são divulgadas na página do GroupOn da cidade em questão, nas mídias sociais (Twitter e Facebook) também de cada região referente à oferta e são enviadas por e-mail para os clientes, respeitando o perfil no momento do cadastro. Dependendo do ineditismo da oferta, também fazemos um trabalho com a imprensa.*

L.L. O Peixe Urbano divulga as ofertas diárias dando um grande destaque para cada uma em nosso site, que hoje tem em média 20 milhões de visitas por mês. Além disso, um e-mail diário é enviado para os nossos usuários cadastrados – hoje já são mais de 8 milhões em todo o Brasil e também na Argentina. A taxa de abertura desse e-mail é bastante alta, já que os nossos usuários se cadastram para receber voluntariamente as ofertas de sua cidade e estão ativamente buscando novas experiências e excelentes ofertas. O fato das ofertas serem bastante variadas, ficarem disponíveis para compra por pouco tempo e terem um limite máximo não informado também impulsiona a abertura do e-mail. Além dessa ferramenta, utilizamos muito as redes sociais como plataforma de divulgação. O Peixe Urbano tem hoje a maior página de uma empresa brasileira no Facebook, com mais de 400 mil fãs, e mais de 150 mil seguidores no Twitter. Um percentual dessas pessoas opta por não receber o e-mail diário porque preferem acompanhar as ofertas do dia pelas redes sociais. Além disso, trabalhamos também com outros sites e parcerias estratégicas para divulgar as ofertas. A partir desses pontapés iniciais, os nossos próprios usuários se tornam nossos maiores aliados na divulgação do site e das ofertas, criando um grande buzz em torno de cada promoção. Essa viralidade potencializada pela Internet possibilita o alcance (em pouco tempo) de um grande número de consumidores qualificados, que estão buscando o que tem de melhor para fazer em suas cidades. E a visibilidade de cada promoção não para por aí. Depois que um comprador utiliza o cupom, tendo uma experiência positiva, ele recomendará o estabelecimento para os seus amigos, levará outros clientes e voltará outra vezes. Mesmo o estabelecimento investindo apenas nos clientes que compram a promoção, o alcance da oferta é muito maior.

Anexo II – Modelos de Documentos Utilizados

CONTRATO DE PRESTAÇÃO DE SERVIÇOS
(modelo genérico)

De um lado **razão social**, cadastrado no CNPJ sob o nº xxxxxxxxxx-xx, de ora em diante denominado **CONTRATADO**, de outro lado a empresa signatária da ficha de cadastro anexo a este, ANEXO I, de ora em diante denominada **CONTRATANTE**, passa contratar pelos termos e cláusulas abaixo elencadas:

1.1) O **CONTRATADO** é possuidor e detentor dos direitos do website denominado "nome do site". Tal website presta um serviço interativo de intermediação na compra de serviços e/ou produtos de terceiros, por meio da publicação de ofertas e promoções no sítio, a serem adquiridas, observadas certas condições, por meio da compra de cupons. Tais serviços são operados e administrados pelo CONTRATADO na internet no endereço "www.nome do site.com.br".

CLÁUSULA 2 – OBJETO E FUNCIONAMENTO DA CONTRATAÇÃO

2.1) A possibilidade de aquisição com desconto dos produtos e/ou serviços das empresas parceiras ocorre a partir da pré-negociação entre o **CONTRATADO** e o **CONTRA-TANTE** de um número mínimo de aquisições de determinado produto e/ou serviço que devem acontecer através do website.

2.2) Uma vez atingido e/ou ultrapassado o número mínimo de aquisições previamente estabelecido a oferta será validada e o usuário receberá os produtos e/ou serviços adquiridos diretamente do parceiro através da apresentação de um cupom eletrônico distribuído pelo **CONTRATADO** aos compradores.

2.3) A publicação, aquisição e entrega da oferta acontecerá conforme as seguintes etapas:

2.3.1) A oferta será publicada no website do **CONTRATADO** e assim permanecerá durante o período de horas indicado no próprio website para conhecimento pelos usuários do número mínimo de aquisições esperadas para validação da oferta, conhecimento das específicas condições de utilização e/ou entrega do produto e aquisição da oferta por parte dos usuários.

2.3.2) O usuário interessado em adquirir a oferta, exclusivamente durante o período de publicação, deverá manifestar-se eletronicamente através do website, efetuando o pagamento conforme instruções indicadas no próprio website. O número mínimo de aquisições preestabelecido para a validação de cada oferta será contabilizado através do número de aquisições efetuadas através do website. O website informará durante todo período de publicação o número de aquisições já efetuadas.

2.3.3) A oferta publicada será validada automaticamente apenas quando o número de aquisições efetuadas através do website for igual ao número mínimo de aquisições estabelecido especificamente para cada oferta de produto e/ou serviço. Caso a oferta não seja validada, as aquisições efetuadas ficam automaticamente canceladas e os usuários não terão seu cartão de crédito debitado. Caso a oferta seja validada, o **CONTRATADO** debitará o valor de compra do cupom diretamente do usuário, sem necessidade de qualquer autorização adicional ou aviso prévio.

2.3.4) Após a validação da oferta, o **CONTRATADO** irá confirmar a aquisição da oferta aos usuários que realizaram a compra e distribuirá eletronicamente um código numérico para identificação, juntamente com todas as condições de uso e/ou entrega inicialmente publicadas no website, para que os produtos e/ou serviços sejam recebidos do **CONTRATANTE**.

CLÁUSULA 3 – OBRIGAÇÕES DO CONTRATANTE

3.1) O **CONTRATANTE** compromete-se a não praticar nenhum tipo de discriminação em relação ao cliente, tais como a imposição de restrições de acesso ou discriminação no atendimento oferecido.

3.2) O **CONTRATANTE** compromete-se a cumprir perante ao cliente o período de utilização anunciado no website, incluindo dias, horários e datas, além do cumprimento da oferta divulgada pelo website.

3.3) O **CONTRATANTE** compromete-se a não alterar valores e/ou serviços divulgados no website.

3.4) Responderá cível e criminalmente por qualquer informação inverídica ou não cumprimento da oferta perante os usuários adquirentes.

CLÁUSULA 4 – OBRIGAÇÕES DO CONTRATADO

4.1) A oferta ficará disponível no website pelo período acertado entre as partes sem prorrogação de datas e horários, conforme anexo a este.

4.2) Compromete-se a acompanhar e disponibilizar os cupons aos usuários.

4.3) Compromete-se, ao fim do período da oferta no ar, disponibilizar ao **CONTRATANTE** um relatório com o número de cupons comprados e os nomes dos compradores.

4.4) Repassará o valor das vendas ao **CONTRATANTE** no prazo entre 20 a 30 dias corridos após o término da oferta no website.

4.5) O valor do repasse será depositado conforme dados bancários preenchidos no formulário em anexo, já descontando a comissão acertada entre as partes, prevista no formulário em anexo.

CLÁUSULA 5 – DO FORO

Qualquer controvérsia judicial acerca deste será decidida no foro da comarca de **cidade/estado**, abdicando as partes qualquer outro por mais privilegiado que seja.

E por estarem as partes de comum acordo, assinam o presente em 2 (duas) vias de igual teor.

CONTRATANTE   CONTRATADO

_____   _____

TESTEMUNHAS :

Anexo III – Ficha de Cadastro do Comerciante

Razão Social:
CNPJ:
Endereço:
Cep: Cidade: Estado:
Pessoa de   Telefones: ( )
contato:
E-mail:
               Site:
Dados Bancários
Banco: Agência: Conta
                              Corrente:
Favorecido:

Detalhes do estabelecimento (para constar no site)

(Estacionamento próprio, delivery, localização...).

Destaque da Oferta

```
[                                                    ]
```

Sobre a Oferta

Produto/serviço ofertado:

```
[                                                    ]
```

Regras

Valor real do produto/ serviço:

Valor a ser divulgado no site:

Tempo da oferta no site:

Data da oferta:

Comissão:

Mínimo de cupons para que a oferta tenha validade:

Máximo de cupons a serem vendidos (opcional):

Validade do cupom:

Limite de cupom por pessoa:

Observações gerais:...

Contrato com o usuário

TERMOS E CONDIÇÕES DE USO (GROUPON)

CONSIDERAÇÕES INICIAIS

(a) O GROUPON é um site hospedado sob o domínio www.GroupOn.com.br, de propriedade da CLUBE URBANO SERVIÇOS DIGITAIS LTDA, registrada no CNPJ/MF sob o nº. 12.069.667/0001-20, e disponibilizado através da URL http://www.GroupOn.com.br/ ("Site").

(b) O serviço oferecido pelo GROUPON consiste em disponibilizar aos usuários de internet cadastrados através do Site ("Usuários") ofertas periódicas de produtos e/ou serviços de empresas parceiras do GROUPON ("Parceiros") com preços de compra mais atrativos devido à manutenção e organização de grupo de compras ("Serviços").

(c) O Usuário ao adquirir quaisquer destes serviços e/ou produtos disponibilizados através do Site o faz diretamente do Parceiro e o GROUPON não garante e/ou se responsabiliza pela qualidade, entrega e pagamento destes.

1. ACEITE 1.1. Os Serviços oferecidos pelo GROUPON são regidos por estes Termos e Condições de Uso do GROU-PON ("T&C").

1.2. A utilização dos Serviços implica na mais alta compreensão, aceitação e vinculação automática do Usuário aos T&C. Ao fazer uso dos Serviços oferecidos, o Usuário concorda em respeitar e seguir todas e quaisquer diretrizes dispostas nestes T&C.

1.3. Estes T&C poderão sofrer alterações periódicas, seja por questões legais ou estratégicas do GROUPON. O Usuário desde já concorda e reconhece que é de sua única e inteira responsabilidade a verificação periódica destes T&C.

2. MODELO GROUPON – GRUPO DE COMPRA

(I) O produto e/ou serviços será ofertado através do Site, em nome do Parceiro respectivo, juntamente com informações necessárias ao Usuário quanto aos requisitos para aquisição do serviço e/ou produto, por um período determinado ("Período de Oferta");

(II) A manifestação do Usuário, quando interessado em adquirir o produto e/ou serviço ofertado, deverá se dar no Período de Oferta, junto com a efetuação do pagamento, conforme instruções indicadas no próprio Site. No Site também estará disponível a informação do número mínimo de aquisições para validar a compra;

(III) A oferta do produto e/ou serviço somente se efetivará quando o número de aquisições efetuadas através do Site for igual ao número mínimo de aquisições preestabelecido para cada oferta de produto e/ou serviço;

(IV) Caso a oferta não seja validada, os Usuários que manifestaram seu interesse em adquirir o respectivo produto e/ou serviço serão reembolsados automaticamente, e sem incorrer em qualquer custo, no exato valor do pagamento realizado; e

(V) Confirmada a validação da oferta pelo GROUPON, este distribuirá eletronicamente ao Usuário um cupom numerado para identificação ("Cupom de Identificação"). Este Cupom de Identificação reproduzirá todas as condições de uso e/ou entrega, para que os produtos e/ou serviços sejam recebidos pelo Usuário do Parceiro.

3. POLÍTICA DE USO E LIMITAÇÃO DE RESPONSABILIDADES

3.1. O Usuário está ciente, e desde já concorda, que qualquer produto e/ou serviço adquirido através do Site é feito diretamente do Parceiro e que este responde exclusiva e inteiramente pela entrega, qualidade, quantidade, estado, existência, legitimidade e integridade dos produtos e/ou serviços ofertados.

3.2. O Usuário está ciente de que o GROUPON não detém a posse nem propriedade dos produtos e/ou serviços ofertados através do Site, e que as ofertas são realizadas em nome do respectivo Parceiro.

3.3. Ao adquirir um produto e/ou serviço através do Site, o Usuário declara conhecer as condições de uso, pagamento, recebimento e prazo de validade destes.

3.4. O Usuário aceita que o GROUPON é responsável pela criação, manutenção e administração de grupos de compras para cada uma das ofertas negociadas com os Parceiros respectivos, não fazendo parte da cadeia de consumo e/ou fornecimento do produto e/ou serviço adquirido.

3.5. O Usuário está ciente de que a única comprovação de aquisição do produto e/ou serviço é o código impresso no Cupom de Identificação que, após distribuído eletronicamente ao Usuário, passa a ser de sua exclusiva responsabilidade.

3.6. O Site e o Conteúdo nele disponível poderão conter links para outros websites sem qualquer relação ou ligação com o GROUPON. O acesso de eventuais links através do Site é realizado por livre e inteira opção do Usuário e sob sua exclusiva responsabilidade.

3.7. O GROUPON envidará seus melhores esforços para manter o sigilo e segurança das informações armazenadas dos Usuários, porém, caso se dê por intervenção de terceiros alheios ao seu controle, não se responsabilizará pelos eventuais danos causados.

3.8. Qualquer tentativa de violar os sistemas e/ou banco de dados do GROUPON importarão, além das sanções aqui previstas por violação destes T&C, em ações judiciais cabíveis e indenizações por eventuais danos causados.

3.9. O GROUPON não se responsabiliza por quaisquer obrigações tributárias eventualmente incidentes sobre as atividades dos Usuários e/ou Parceiros.

4. PENALIDADES E CANCELAMENTO DE CADASTRO

4.1. Qualquer Usuário que desrespeitar a legislação aplicável e/ou os compromissos por aqui assumidos, estará sujeito às sanções previstas nestes T&C, sem prejuízo de responder civil e criminalmente pelas consequências de seus atos e/ou omissões.

4.2. Sem prejuízo das demais sanções legais e daquelas aqui previstas, o GROUPON poderá, a seu critério, notificar, suspender e/ou cancelar o cadastro do Usuário, a qualquer tempo, definitiva ou temporariamente, nos seguintes casos:

(I) Descumprimento de quaisquer disposições destes T&C;

(II) Não cumprimento de quaisquer de suas obrigações;

(III) Verificação de cadastro duplicado;

(IV) Verificação de novo cadastro realizado por Usuário que teve seu cadastro cancelado e/ou suspenso;

(V) For constatada fraude ou tentativa de fraude; e/ou

(VI) Fornecimento de informações solicitadas incorretas e/ou inverídicas ou ainda se negar a prestar eventuais informações adicionais solicitadas pelo GROUPON.

4.2.1. As hipóteses acima são meramente exemplificativas.

5. PROPRIEDADE INTELECTUAL

Os elementos e/ou ferramentas encontrados no Site são de titularidade ou licenciados pelo GROUPON, sujeitos à proteção dos direitos intelectuais de acordo com as leis brasileiras e tratados e convenções internacionais dos quais o Brasil seja signatário. Apenas a título exemplificativo, entendem-se como tais: textos, softwares, scripts, imagens gráficas, fotos, sons, músicas, vídeos, recursos interativos e similares, marcas, marcas de serviços, logotipos e "look and feel".

6. CADASTRO

6.1. O Usuário, se pessoa física, declara ser maior de 18 anos, menor emancipado, ou possuir o consentimento legal, expresso e por escrito, dos pais ou responsável legal e ser plenamente capaz para se vincular a estes T&C, acatar e cumprir com suas disposições.

6.2. Menores de idade não devem enviar informações pessoais, tais como endereço de e-mail, nome e/ou informação para contato ao GROUPON.

6.3. O Usuário, sendo pessoa jurídica, o fará na figura do seu representante legal, respeitando as mesmas disposições do item 6.1 acima.

7. REGRAS GERAIS, LEGISLAÇÃO APLICÁVEL E FORO

7.1. Estes T&C e quaisquer outras políticas divulgadas pelo GROUPON no Site estabelecem o pleno e completo acordo e entendimento entre o Usuário superando e revogando todos e quaisquer entendimentos, propostas, acordos, negociações e discussões havidos anteriormente entre as partes.

7.2. Os T&C e a relação entre as partes são regidos pelas leis da República Federativa do Brasil.

7.3. As partes elegem o Foro da Comarca da Capital do Estado de São Paulo como sendo o único competente para dirimir quaisquer litígios e/ou demandas que venham a envolver as Partes em relação ao uso e acesso do Site.

7.4. A incapacidade do GROUPON em exercer ou fazer cumprir qualquer direito ou cláusula dos T&C não representa uma renúncia desse direito ou cláusula.

7.5. Na hipótese de que qualquer item, termo ou disposição destes T&C vir a ser declarado nulo ou não aplicável, tal nulidade ou inexequibilidade não afetará quaisquer outros itens, termos ou disposições aqui contidos, os quais permanecerão em pleno vigor e efeito.

E-mail de confirmação de compra de cupom (Peixe Urbano)

Obrigado!

Graças a você e aos outros menbros do Cardume do Peixe Urbano, conseguimos ultrapassar a quantidade mínima de compras para ativar a oferta de hoje!

Segue o seu comprovante de compra: o seu "Cupom Peixe Urbano"!

CUPOM PEIXE URBANO
Estabelecimento: xxxxxx
Endereço:
Pinheiros, R. dos Pinheiros, 1909, São Paulo, SP 05422010
Telefone: (11) 33333333

Produto: xxxxxxxxxx
Valor Original: R$246,00
Válido Até: sexta-feira, 20 maio

Nome: dailton felipini
Código: TWVFDEKV

Para utilizar o seu cupom, é imprescindível IMPRIMIR o código correspondente e apresentá-lo diretamente ao estabelecimento, observando os regulamentos da promoção:

➲ Cupom válido de 20 de novembro, 2010 a 20 de maio, 2011, exceto em feriados nacionais.

➲ Limite de uso de 1 cupom por pessoa.

➲ Pode ser comprado como presente.

➲ **O cupom estará disponível na sua conta do Peixe Urbano em até 24 horas após o encerramento da oferta.**

➲ Imprescindível a reserva que deverá ser feita diretamente com iBistrot, mediante disponibilidade, informar o código do cupom no momento da reserva.

➲ Imprescindível a apresentação do cupom impresso no momento de sua visita ao restaurante.

➲ O valor do cupom deverá ser gasto em uma única visita (não haverá troco ou crédito).

➲ Preços da data da publicação, sujeitos a alterações.

➲ Não inclui bebidas, taxa de serviço e estacionamento.

➲ Válido exclusivamente de segunda a sábado, das 18h à 0h.

➲ Não cumulativo com outras promoções.

A qualquer momento, você pode acessar este e outros cupons que você tenha comprado através do nosso site. Basta fazer o login e acessar a sua Conta para visualizar, alterar e imprimir os seus cupons.

Qualquer dúvida ou comentário, por favor entre em contato conosco através do formulário: http://www.peixeurbano.com.br/home/faleconosco.

Cupom disponível no site para impressão (GroupOn)

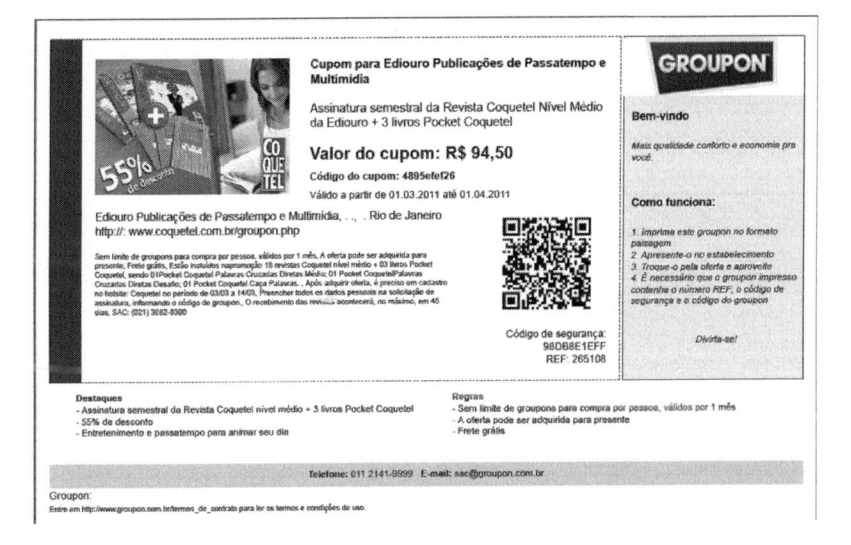

Relação de ofertas analisadas

A planilha em Excel contendo um resumo das 200 ofertas utilizadas como referência para este livro está disponível em: www.e-commerce.org.br/compra-coletiva-ofertas.php.

Calculadora de Resultados de Campanhas

A calculadora auxilia o comerciante a planejar o seu custo e o retorno da campanha considerando todas as variáveis envolvidas. A planilha em Excel está disponível para download em: www.e-commerce.org.br/compra-coletiva-calculadora.php.

Anexo IV – Relação de Cidades com Presença de Pelo Menos um Grande Site de Compra Coletiva

CIDADE	Site de Compra Coletiva		
Americana/Santa Bárbara		PEIXEURBANO	
Anápolis	GROUPON	PEIXEURBANO	
Aracaju	GROUPON	PEIXEURBANO	CLICKON
Araçatuba	GROUPON	PEIXEURBANO	CLICKON
Araraquara/São Carlos			CLICKON
Baixada Santista	GROUPON	PEIXEURBANO	CLICKON
Balneário Camboriú	GROUPON	PEIXEURBANO	CLICKON
Barretos/Franca			CLICKON
Bauru	GROUPON	PEIXEURBANO	CLICKON
Belém	GROUPON	PEIXEURBANO	CLICKON
Belo Horizonte	GROUPON	PEIXEURBANO	CLICKON
Betim/Contagem			CLICKON
Blumenau	GROUPON	PEIXEURBANO	CLICKON
Botucatu			CLICKON
Brasília	GROUPON	PEIXEURBANO	CLICKON
Campina Grande		PEIXEURBANO	
Campinas	GROUPON		CLICKON
Campo Grande	GROUPON	PEIXEURBANO	CLICKON
Cascavel	GROUPON	PEIXEURBANO	CLICKON
Caxias do Sul	GROUPON	PEIXEURBANO	CLICKON
Chapecó		PEIXEURBANO	CLICKON
Contagem	GROUPON	PEIXEURBANO	CLICKON

CIDADE	Site de Compra Coletiva		
Cuiabá	GROUPON	PEIXEURBANO	CLICKON
Curitiba	GROUPON	PEIXEURBANO	CLICKON
Dourados		PEIXEURBANO	
Feira de Santana	GROUPON	PEIXEURBANO	
Florianópolis	GROUPON	PEIXEURBANO	CLICKON
Fortaleza	GROUPON	PEIXEURBANO	CLICKON
Foz do Iguaçu	GROUPON	PEIXEURBANO	
Goiânia	GROUPON	PEIXEURBANO	CLICKON
Governador Valadares			CLICKON
Guarapuava		PEIXEURBANO	
Guarulhos		PEIXEURBANO	CLICKON
Itajaí		PEIXEURBANO	
Itu/Sorocaba			CLICKON
Jaú			CLICKON
João Pessoa	GROUPON	PEIXEURBANO	CLICKON
Joinville	GROUPON	PEIXEURBANO	CLICKON
Juiz de Fora	GROUPON	PEIXEURBANO	CLICKON
Jundiaí	GROUPON	PEIXEURBANO	CLICKON
Limeira			CLICKON
Londrina	GROUPON	PEIXEURBANO	CLICKON
Maceió	GROUPON	PEIXEURBANO	CLICKON
Manaus	GROUPON	PEIXEURBANO	CLICKON
Marília	GROUPON	PEIXEURBANO	CLICKON
Maringá	GROUPON	PEIXEURBANO	CLICKON
Mauá		PEIXEURBANO	
Mogi das Cruzes	GROUPON		CLICKON
Montes Claros			CLICKON
Natal	GROUPON	PEIXEURBANO	CLICKON
Niterói	GROUPON	PEIXEURBANO	CLICKON
Nova Iguaçu	GROUPON		
Oferta Nacional	GROUPON	PEIXEURBANO	

CIDADE

Site de Compra Coletiva

CIDADE			
Osasco		PEIXEURBANO	CLICKON
P. Prudente e Região			CLICKON
Palmas		PEIXEURBANO	
Passo Fundo	GROUPON	PEIXEURBANO	
Pelotas		PEIXEURBANO	
Petrópolis	GROUPON	PEIXEURBANO	
Piracicaba		PEIXEURBANO	CLICKON
Poços de Caldas	GROUPON		CLICKON
Ponta Grossa		PEIXEURBANO	
Porto Alegre	GROUPON	PEIXEURBANO	CLICKON
Presidente Prudente	GROUPON	PEIXEURBANO	
Recife	GROUPON	PEIXEURBANO	CLICKON
Região dos Lagos	GROUPON		
Região Serrana	GROUPON		
Ribeirão Preto	GROUPON	PEIXEURBANO	CLICKON
Rio Claro			CLICKON
Rio de Janeiro	GROUPON	PEIXEURBANO	CLICKON
Rio de Janeiro – Norte	GROUPON		
Rio Verde	GROUPON		
Rondonópolis		PEIXEURBANO	
Salvador	GROUPON	PEIXEURBANO	CLICKON
Santa Cruz do Sul	GROUPON	PEIXEURBANO	
Santa Maria	GROUPON	PEIXEURBANO	
São Carlos		PEIXEURBANO	
São Carlos – Araraquara	GROUPON		
São J. do Rio Preto	GROUPON		
São J. dos Campos	GROUPON		
São José do Rio Preto		PEIXEURBANO	CLICKON
São José dos Campos		PEIXEURBANO	CLICKON
São José dos Pinhais		PEIXEURBANO	
São Luis	GROUPON	PEIXEURBANO	CLICKON

CIDADE	Site de Compra Coletiva		
São Paulo	GROUPON	PEIXEURBANO	CLICKON
São Paulo – Alphaville			CLICKON
São Paulo – Grande ABC	GROUPON	PEIXEURBANO	CLICKON
São Paulo – Norte e Leste	GROUPON		
São Paulo – Premium	GROUPON		
São Paulo – Sul e Oeste	GROUPON		
São Paulo Extra			CLICKON
Serra Gaúcha			CLICKON
Sete Lagoas			CLICKON
Sinop		PEIXEURBANO	
Sorocaba	GROUPON	PEIXEURBANO	
Taubaté		PEIXEURBANO	
Teresina	GROUPON	PEIXEURBANO	
Triângulo Mineiro			CLICKON
Uberaba	GROUPON	PEIXEURBANO	
Uberlândia	GROUPON	PEIXEURBANO	
Vale de Paraíba			CLICKON
Vale do Aço			CLICKON
Vale dos Sinos	GROUPON	PEIXEURBANO	CLICKON
Varginha			CLICKON
Vitória	GROUPON	PEIXEURBANO	
Volta Redonda/Resende/ Barra Mansa		PEIXEURBANO	

Conheça outros títulos da coleção E-COMMERCE no formato de eBook, acessando www.lebooks.com.br

Oportunidades de Negócios na Internet

Conheça os produtos que estão fazendo sucesso nas vendas on-line. Com este ebook, você receberá GRÁTIS: **50 IDÉIAS DE NEGÓCIOS NA INTERNET.** Uma seleção de 50 segmentos de negócios analisados para você.

Kit Plano de Negócios

Monte seu Plano de Negócios de forma profissional e completa. Utilize o **Plano de Negócios Pronto** para uma loja Virtual, como modelo de planejamento de seu empreendimento e ganhe as **Planilhas Financeiras**. Ganhe também a **estrutura de seu Plano de Negócios em Word.**

email Marketing Eficaz

Com este ebook você aprenderá a montar um programa de email marketing bem-sucedido por meio de uma newsletter. São 59 páginas de conteúdo útil e prático, com tudo o que você precisa saber para planejar, implantar e gerenciar com sucesso campanhas de email marketing.

Lojas Virtuais: como Vender na Internet

Para quem deseja vender pela Internet, este ebook oferece uma excelente visão do que é, e como montar uma Loja Virtual de sucesso. Você aprenderá como escolher a hospedagem de seu site, os meios de pagamento, cuidados com a segurança, quais os fatores determinantes do sucesso de sua loja ... e muito mais

Participe do **BRASPORT INFOCLUB**

Preencha esta ficha e envie pelo correio para a

BRASPORT LIVROS E MULTIMÍDIA

Rua Pardal Mallet, 23 – Cep.: 20270-280 – Rio de Janeiro – RJ

Você, como cliente BRASPORT, será automaticamente incluído
na nossa Mala Direta, garantindo o recebimento regular de nossa
programação editorial.
Além disso, você terá acesso a ofertas incríveis,
exclusivas para os nossos leitores.
Não deixe de preencher esta ficha.
Aguarde as surpresas. Você vai sentir a diferença!

Nome: _____

Endereço residencial: _____

Cidade: _____ Estado: _____ Cep.: _____

Telefone residencial: _____

Empresa: _____

Cargo: _____

Endereço comercial: _____

Cidade: _____ Estado: _____ Cep.: _____

Telefone comercial: _____

E-mail: _____

Gostaria de receber informações sobre publicações nas seguintes áreas:

- ☐ Informática
- ☐ Software
- ☐ Programação
- ☐ Telecomunicações
- ☐ Linux

- ☐ Gerenciamento de Projetos
- ☐ Negócios
- ☐ Internet
- ☐ Engenharia
- ☐ outros _____

Comentários sobre o livro _____

_____

_____

Compra Coletiva

BRASPORT
LIVROS E MULTIMÍDIA

Rua Pardal Mallet, 23
20270-280 – Rio de Janeiro – RJ

Últimos Lançamentos

Criação de Sites na era da Web 2.0

Diego Brito   220pp. - R$ 59,00

Este livro cobre as etapas de Atendimento, Planejamento, Arquitetura de Informação, Redação, Criação, Desenvolvimento e Otimização (SEO) – sete áreas fundamentais para que você tenha uma visão ampla de todo o processo de criação de um site. Este livro é indicado para web designers, estudantes de Comunicação, empresários, diretores de arte, arquitetos de informação e Gerentes de Marketing.

Mente Anti-hacker – Proteja-se!

Paulo Moraes   196 pp. - R$ 53,00

Esta obra tem por finalidade ajudar todos os usuários de computador que precisam de alguma forma ter proteção enquanto navegam na Internet, leem seus e-mails e usam seus computadores para outras atividades. Chega de invasões, chega de vírus, chega de cair em golpes virtuais. É preciso ter uma MENTE ANTI-HACKER! PROTEJA-SE! Inclui apêndice sobre ataques a smartphones e tablets.

Construindo um Blog de sucesso com o WordPress 3

Daniella Borges de Brito   228pp. - R$ 59,00

Se você procura entender tecnicamente como criar um blog com o WordPress este livro é para você. Um livro completo que aborda o assunto de forma didática e também prática, com uma leitura de fácil entendimento, exercícios propostos, entrevistas e explicações passo a passo. No CD que acompanha o livro você encontrará videoaulas explicativas e diversos aplicativos gratuitos e arquivos que irão auxiliá-lo na criação do seu blog.

Java Enterprise Edition 6 – Desenvolvendo Aplicações Corporativas

Cleuton Sampaio   280 pp. - R$ 64,00

Neste livro, veremos alguns aspectos inovadores, como: Profiles de aplicação, RESTful Web Services, JavaServer Faces 2.0, Servlet 3.0 e muitas outras novidades, que agora fazem parte do "cardápio" de soluções corporativas em Java. Além disso, o livro traz um exemplo completo: um sistema de notícias on-line, que utiliza os principais componentes Java EE: Web Services e Session Beans. Tudo simples e prático para que você obtenha resultados rapidamente.

Virtualização – Componente Central do Datacenter

Manoel Veras   364 pp. - R$ 97,00

O objetivo principal deste livro é contribuir para a formação de arquitetos de DATACENTERS que possuam como elemento central a VIRTUALIZAÇÃO. O livro é modular e detalha diversos aspectos teóricos e práticos da VIRTUALIZAÇÃO. Como não poderia deixar de ser, trata dos conceitos de CLOUD COMPUTING e DATACENTER, tendo como aspecto central destas estruturas a VIRTUALIZAÇÃO.

Desenvolvendo Aplicações com UML 2.2 (3ª edição)

Ana Cristina Melo   340 pp. - R$ 79,00

Esta nova edição aborda os principais conceitos de orientação a objetos, a estrutura da UML, por meio de seus elementos, relacionamentos e diagramas, a transformação de modelos criados em UML em códigos escritos nas duas principais linguagens OO do mercado (Java e Delphi), diferenças entre as principais versões da UML (1.4, 2.0 e 2.2) e questões de concursos públicos.

Bacula – Ferramenta Livre de Backup

Heitor Medrado de Faria — 208 pp. - R$ 55,00

Único livro nacional dedicado à parte teórica de backups, também traz manuais completos de instalação e configuração de um sistema de cópias de segurança baseado na ferramenta mais utilizada no mundo – o Bacula (software livre). Aborda tópicos como estratégias de backup (GFS), restauração, cópia e migração de backups e scripts antes e depois dos trabalhos. O livro é baseado tanto em sistemas Linux como Microsoft.

ActionScript 3.0 – Interatividade e Multimídia no Adobe Flash CS5

Fábio Flatschart — 280pp. – R$ 72,00

(Série Web Conceitos & Ferramentas)

Aprenda neste livro os fundamentos da linguagem ActionScript 3.0 e saiba como empregá-la corretamente para adicionar interatividade e multimídia em seus projetos com o Adobe Flash CS5. Explore o workflow (fluxo de trabalho) com o Adobe Flash CS5 e o ActionScript 3.0 através de dicas para otimizar a produção e tornar o seu trabalho mais rápido e eficiente. Acompanha **CD-ROM** com os arquivos para a construção dos projetos mostrados no livro.

Investigação e Perícia Forense Computacional

Claudemir Queiroz / Raffael Vargas — 156 pp. – R$ 45,00

A introdução de computadores como uma ferramenta criminal aumentou a capacidade dos criminosos para realizar, ocultar ou auxiliar a atividade ilegal ou antiética. Este livro pretende apresentar as principais certificações para a formação de novos profissionais, além de auxiliar com as leis processuais mais utilizadas no mercado, com uma mistura de estudos de caso voltados para coleta e análise de dados tanto *inloco* como em rede.

Criando Macros no BrOffice Calc

Cleuton Sampaio — 208pp. – R$ 52,00

Aprenda a criar macros fantásticas, que podem manipular a planilha de várias formas, além de poder criar: diálogos de interface com o usuário, gráficos comerciais: Pizza, Barra, Coluna, Linha, inclusive com efeitos 3D, e macros que criam novos arquivos e acessam bancos de dados. O livro contém vários exercícios resolvidos para você praticar o aprendizado.

Programando para a internet com PHP

Odemir Martinez Bruno / Leandro Farias Estrozi /
João do E. S. Batista Neto — 332 pp. – R$ 68,00

Este livro foi concebido para facilitar o aprendizado da programação voltada para a internet. A linguagem PHP é a ferramenta mais popular para a programação de aplicações voltadas para servidores web. Simples e ágil, tem sido escolhida pela vasta maioria dos desenvolvedores. O livro é voltado para estudantes universitários, profissionais e hobbistas, tendo como objetivo atender aos níveis iniciante e intermediário.

Empreendedorismo na Internet

Dailton Felipini   224pp. – R$ 45,00

(Série E-commerce Melhores Práticas)

Este terceiro título da **coleção E-Commerce Melhores Práticas** foi desenvolvido para atender a uma necessidade apresentada por empreendedores e empresários interessados no mercado da Internet: escolher de forma criteriosa o segmento de atuação. O propósito deste livro é duplo: ajudar o empreendedor a encontrar um segmento de negócio compatível com seus interesses e fornecer critérios lógicos de avaliação do negócio.

Programação Shell Linux 8ª edição

Julio Cezar Neves   588 pp. – R$ 105,00

Inédito no mercado, este livro apresenta uma abordagem descontraída da programação Shell dos sistemas operacionais Unix/Linux. Esta **oitava edição** foi atualizada com as novidades que surgiram no Bash 4.0, tais como coproc (threads), vetores associativos, novas expansões de parâmetros e muito mais. Seu apêndice sobre Expressões Regulares foi bastante aprofundado e agora aborda também as diferenças do seu uso no Bash e no BrOffice.org. O **CD-ROM** que acompanha o livro contém todos os exercícios do livro resolvidos e alguns scripts úteis.

Fundamentos do Gerenciamento de Serviços de TI – Preparatório para a certificação ITIL® V3 Foundation

Marcos André dos Santos Freitas   376 pp. – R$ 92,00

Este livro tem como objetivo ser um material de conscientização, apresentação das práticas propostas pelo ITIL® e preparação para a realização da prova de certificação ITIL® V3 Foundation. O livro é voltado para profissionais, Gerentes de TI, Gerentes de Negócio e pessoas que desejam compreender os conceitos, os processos e as funções do Gerenciamento de Serviços de TI baseados no ITIL® V3 e melhorar os Serviços de TI nas empresas.

BPM & BPMS 2ª edição

Tadeu Cruz   294 pp. – R$ 69,00

Neste livro você aprenderá sobre a desorganização informacional e as tentativas de organizar dados, informações e conhecimento, como o conceito *Computer-Supported Cooperative Work* e as ferramentas que foram desenvolvidas com aderência a este conceito. Também vai aprender o que é *Business Process Management*¬ - BPM e *Business Process Management System* - BPMS e as diferenças e semelhanças com o software de *Workflow*.

Google AdSense

Dailton Felipini   128 pp. – R$ 34,00

(Série E-Commerce Melhores Práticas)

Este livro apresenta o genial sistema de gerenciamento de anúncios por meio do qual qualquer página da Web, desde um simples blog até um extenso site de conteúdo, pode tornar-se rentável. O Google fornece toda a tecnologia para a exposição e o gerenciamento dos anúncios. Com este livro, qualquer um, mesmo com pouca experiência na web, poderá transformar seu site ou blog em uma nova e permanente fonte de renda.

Administração de Redes com Scripts: Bash Script, Python e VBScript
2ª edição

Daniel G. Costa   208pp. – R$ 55,00

Três linguagens de script são abordadas no livro, todas bastante utilizadas na administração de redes: **Bash Script, Python e VBScript**. Pretende-se não apenas apresentar como utilizar essas linguagens, mas também analisar como problemas reais podem ser sanados com scripts. Nesta **segunda edição**, todos os exemplos do livro foram revisados e atualizados, e novos exemplos foram adicionados, tornando ainda mais completo e melhor este guia para os administradores de redes.

ZFS – Para usuários OpenSolaris, Windows, Mac e Linux

Marcelo Leal   162pp. – $ 58,00

Se você é um usuário MacOSX, MS Windows ou GNU Linux e quer utilizar este revolucionário sistema de arquivos chamado ZFS, encontrará neste livro um guia prático para em poucos minutos instalar o sistema operacional OpenSolaris e ter exemplos completos de como desfrutar do ZFS a partir destes sistemas operacionais utilizando protocolos comuns como NFS, iSCSI e CIFS. Tudo sem complicação, pois a palavra de ordem do ZFS é simplicidade!

SEO – Otimização de Sites

Erick Formaggio   240 pp. – R$ 52,00

SEO - Search Engine Optimization (Otimização para Mecanismos de Busca) - é um conceito atualmente bastante difundido, tendo em vista a crescente preocupação das empresas em otimizar seus sites para que possam facilmente ser encontrados por clientes. O livro aborda as técnicas de otimização dentro e fora do site, o que é e para que serve, explicando as melhores práticas para que o seu site possa mais facilmente ser localizado pelas ferramentas de busca.

Google Top 10

Dailton Felipini   112 pp. – R$ 28,00

(Série E-commerce Melhores Práticas)

Se você já pesquisou no Google alguma palavra diretamente relacionada ao conteúdo de seu site e não encontrou nenhum vestígio dele, este livro foi feito para você. Com ele, você aprenderá a otimizar seu site ou blog para colocá-lo na primeira página dos resultados de busca e torná-lo um "Google Top 10", posição que poderá representar centenas de milhares de visitantes todo mês a um custo próximo de zero.

XNA 3.0 para desenvolvimento de jogos no Windows, Zune
e Xbox 360

Alexandre Santos Lobão / Bruno Pereira Evangelista / José Antonio Leal de Farias / Patryck Pabllo Borges de Oliveira   460pp. – R$ 89,00

O objetivo do livro é apresentar ao leitor a visão geral da arquitetura XNA e o processo de desenvolvimento de um jogo completo. São apresentadas técnicas de programação de jogos, desde o planejamento do projeto ao desenvolvimento de jogos 2D, inserindo funcionalidades de som e rede e, por último, o desenvolvimento de um jogo 3D em primeira pessoa do início ao fim, implementando um framework básico que poderá ser utilizado em seus jogos.

BRASPORT LIVROS E MULTIMÍDIA LTDA.
RUA PARDAL MALLET, 23 - TIJUCA – RIO DE JANEIRO – RJ – 20270-280
Tel. Fax: (21) 2568.1415/2568-1507 – Vendas: vendas@brasport.com.br